사랑의 욕구

사랑의 욕구

사랑, 존중, 권위 그리고 교육

폴 디엘 지음

하정희 옮김

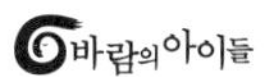

사랑의 욕구

이 책을 읽는 이들에게

이 책은 교육을 주제로 쓴 폴 디엘의 글 네 편과 그의 동료이자 아내인 잔 디엘의 글 한 편을 묶은 것이다. 학술 용어와 추상적인 내용이 많아서 수월하게 읽히는 편은 아니지만, 독자들이 글의 고개들을 잘 넘어서 폴 디엘이 그리는 인간적이고 아름다운 전경을 조망할 수 있었으면 하는 바람이 크다.

이 책을 조금 더 수월하고 친근하게 접근할 수 있는 방법을 조심스레 제안하자면, 4장의 '못된 아이'부터 읽는 것이다. 이 글은 만 다섯 살 여자아이를 두 달 동안 관찰한 잔 디엘의 사례 연구다. 이 아이는 표현 그대로 못된 아이이다. 버릇없고 이기적이며 위험하기까지

하다. 주변 사람들은 모두 이 아이를 욕하고 피한다. 사실 이런 아이들은 우리 주변에도 간간이 보인다. 소위 문제아라 불리는 아이들을 보며 사람들은 혀를 차지만 우리는 모두 누구의 부모이거나 자식이고 모두 한때 아이였다. 그래서 어떤 아이든 조금은 관심을 가질 의무가 우리에게 있지 않을까 싶다. 이 못된 아이는 왜 이렇게 됐을까? 여기에 대한 답을 찾아서 책머리로 가보자.

폴 디엘은 아이가 출생하기 전의 태내 환경에서부터 이야기를 시작한다. 이어서 아이가 세상에 태어나 엄마의 보살핌을 받으며 차츰 성장해 성인에 이르기까지, 그 과정을 거치며 우리의 정신이 어떤 식으로 형성되고 왜곡되는지를 잠재의식과 무의식의 차원에서 설명한다. 폴 디엘은 사랑 받고자 하는 욕구·존중 받고자 하는 욕구·바르게 지도 받고자 하는 욕구를 인간의 가장 기본적인 세 가지 욕구로 정의한다. 욕구가 있다는 것은 그것을 충족시키기를 원한다는 의미이고, 이 말 속에는 욕구가 충족되지 않을 수 있다는 가능성도 포함된다. 엄마를 마음껏 사랑하고 엄마에게 충분히 사랑받고 싶은 아이가 그럴 수 없을 때 아이의 마음은 다친다. 이 경험은 막 발달하기 시작한 아이의 정신을 왜곡시킨다. 우리의 정신이 '자연스럽게' 발달하는 것만큼이나 정신의 왜곡도 '자연스럽게' 일어난다. 폴 디엘에 따르면, 인간의 정신은 자체적으로 형성의 법칙과 왜곡의 법칙을 갖고 있기 때문이다.

주변의 부모들을 보면 어찌된 일인지 다들 아이들에게 미안해한다. 잘해주지 못했다는 얘기, 더 잘해줄 수 있었다는 얘기들을 하는 것은 거의 보편적인 부모의 마음이 아닐까 싶다. 사실 아이를 키우는 과정에서 보통의 부모들은 아이의 마음을, 더 정확히 말하자면 아이의 욕구를 제대로 이해하기 못했거나 꺾어버린 경험들이 없지 않을 것이다. 부모는 아이에게 항상 모범적일 수는 없다. 폴 디엘은 '문제 부모'라고 할 수 있는 이들의 부족함까지 아울러서 부모들이 범한 교육상의 실수를 '인간이기에 어쩔 수 없는 일'이라고 말한다. 그는 인간의 본성에 책임을 묻는다.

인간에게는 선천적으로 자기를 초월하고자 하는 힘이 있는데, 폴 디엘의 용어를 빌자면, 이것은 자기 초월의 약동(躍動)이다. 이 약동은 자신의 타고난 자질들을 꽃 피우고자 하는 힘이며, 자기 운명의 정점에 이르고자 하는 바람 같은 것이다. 가정 환경과 사회 환경은 인간이 가진 자기 초월의 약동에 파괴적인 영향을 끼쳐서 아이의 정신을 왜곡시킬 수 있다. 그러나 환경의 영향이 파괴력을 갖는 것은 아이의 내부에 있는 약동의 힘이 여기에 호응하기 때문이다. 폴 디엘은 '환경의 영향력은 항상 결정적으로 작용하지는 않는다. 환경은 자신의 약동에 의해서 고무된 사람에게만 영향을 끼친다'고 말한다. 그가 인간의 본성에 책임을 물어야 한다고 말한 의미는 바로 이것이다.

그렇다면 문제의 해답은 어디에서 찾아야 할까? 역시 인간의 본성에서다. 인간의 본성은 우리의 욕구들이 조화를 이루기를 원한다. 인간 정신의 궁극적 목표는 우리에게 있는 모든 욕구들이 아름답게 조화를 이루는 상태, 그 조화로움 속에서 느끼는 만족감이며 기

뿐이다. 이것은 개인적으로든 인류 전체로든 영원히 도달하지 못할 궁극의 상태일 테지만, 어쨌든 삶은 그곳을 향해 흐른다는 것이 폴 디엘의 믿음인 것 같다. 그리고 바로 이 지점에서 교육이 개입한다. 교육이 할 일은 아이와 청소년의 행동을 인습적 규범에 맞추는 것이 아니라, 그들을 아니, 그들의 약동을 이 삶의 방향에 맞춰주는 것이다. 교육의 최종 목표는, 나와 너의 경계가 분명하고 타인과 타당한 방식으로 관계를 맺으면서 자율적으로 살아갈 수 있는 조화로운 인격체를 키워내는 것이라고 폴 디엘은 정의한다. 비록 완벽하게 도달할 수는 없는 목표라고 해도 이것이 교육의 이상이다.

이 책이 출생 이전의 시기에서 시작해서 내성(內省)으로 끝나는 것은 그래서 의미심장하다. 폴 디엘에 따르면, 아이는 '깨끗한 영혼으로 자신의 삶이 아름답고 합리적이기를 무의식적으로 희망한다.' 오래 전 우리도 깨끗한 영혼으로 이것을 희망하지 않았을까? 폴 디엘은 우리에게 마음 안을 들여다보라고 조언한다. 삶의 수원(水源)은 우리의 내면에 있으니 세심한 내성을 통해서 그곳으로 들어가 보라고. 스스로를 관조함으로써 우리 안의 모순된 것들을 통찰하라고. 삶의 본질적 의미는 우리 안의 잠재적 왜곡을 극복하려고 노력하는 데 있다는 그의 말에 깊이 공감한다. 이것은 끝이 없는 시시포스의 노고와도 같은 일이겠는데, 너무 불안해하지는 말라고 폴 디엘은 덧붙인다. '이것은 삶의 문제이기에 삶이 해결책을 찾을 것'이기 때문이다.

역자

서문

교육에 관한 폴 디엘의 이 글들은 1950년대와 1960년대 알렉시스 다낭이 편집한『유년기 연구』에 발표된 것으로, 지금 우리가 겪고 있는 문제들을 잘 설명해 준다는 점에서 여전히 흥미롭다. 폴 디엘의 접근법은 현재 이뤄지고 있는 많은 분석들의 선구적 작업이다. 그는 아동과 청소년의 발달에 대해 일관적이고 정확한 설명을 제시했으며 인체 생리·심리·사회·문화 사이의 복합적 상호 작용에 중요성을 부여했다는 점에서 매우 혁신적이다.

감정적 얽힘과 반응적 얽힘의 개념 그리고 이 두 개

념의 기반인 잠재의식적 동기 형성에 대한 분석을 통해서 도출해 낸, 도발자-피도발자의 개념은 우리 사회의 개인적·집단적 갈등에 대한 실마리와 해법을 제시하고 있다. 한편 폴 디엘은 인체 생리·심리·사회·문화의 복합적 상호 작용을 우연적 원인(다양한 외적 요소)과 본질적 원인(개인의 내면에서 작용하는 것)에 근거해서도 분석하면서 내성의 역할을 강조한다.

폴 디엘은 1956년에 아동의 발달을 촉진하고 방해하는 작용이 태내에서부터 시작된다는 가설을 내놓았는데 당시에는 이러한 생각이 일반적이지 않았다. 폴 디엘의 이 견해는 그 이후에 폭넓게 수용되고 발전됐다. 또한 그는 알프레드 아들러에 이어서 존중의 욕구를 중요하게 부각시켰고 이 견해 역시 오늘날 널리 받아들여지고 있다.

폴 디엘은 여기서 더 나아가 애정의 욕구를 아동 발달의 근본 추진력으로 보았다. 그 당시에 특히 파블로프의 실험 심리학이 사람들로부터 많은 호응을 받고 있었던 점을 고려할 때 이러한 생각은 다분히 비과학적인 것으로 폄하될 수도 있었다. 폴 디엘은 애정·사랑·존중에 대한 욕구와 함께, 지나치게 관용적이지도 않고 지나치게 권위적이지도 않은 적절한 지도를 받으며 자립해 나가려는, 지도에 대한 욕구를 중요하게 고려하면서, 이 욕구들에 근거해서 아동의 개성이 행복하게 또는 불행하게 발달해 가는 과정을 해부학자나 생리학자처럼 기술하고 있다. 그에 따르면, 아동의 정신 형성과 왜곡은 가정·사회·문화의 환경이 이 인류학적 기본 욕구들에 대해서 어떤 반응을 보이는가에 따라 이루어진다. 아이는 수동적 존재가 아닌 까닭에 그는 이것을 기계론적으로 설명하지 않는다. 아이는 의식적·무의식적 기대에 근거해서, 자기가 속한 사회 집단의 행동과 동기 형성에 부정적으로 또는 긍정적으로 반응한다. 그리고 이때 아이가 느끼는 만족과 원망은 다시 그 사회 집단에 영향을 끼친다.

초등학생이 된 아동에 관한 분석을 읽어보면, 폴 디엘이 오늘날 학교가 당면하고 있는 문제들에 관해서 대단히 중요한 이야기를 하고 있다는 것을 알 수 있다. 그는 다양한 물질적·사회적 원인이 아동의 부적응 행동들을 만들어 내지만 이것만으로는 충분한 설명이 되지 못한다고 지적한다. 폴 디엘은 놀이의 욕구와 학업의 의무 사이에서 아이가 겪는 고통을 대단히 세밀하고 정확하게 기술한다. 특히 실패의 상황에 처할 때 아이는 자신과 삶에 대해서 확신을 갖고자 하는 욕구와 존중받고자 하는 욕구에 큰 타격을 입을 수 있다. 한마디로 폴 디엘은 '유년기의 비극'에 관해서 이야기한다. 과거에 좋은 학생이었던 독자라 하더라도, 놀이의 욕구와 존중의 욕구가 다쳤을 때 아이가 이것을 보상하기 위해 보이는 반응들을 보면서 자신의 모습을 얼마간 발견하지 않을까 싶다.

교육자와 정치 지도자들은 학교·가정·사회에서 어려움을 겪고 있는 아동과 청소년의 고통과 방향 상실을 해결해줄 수 있는 유익한 지표를 폴 디엘의 분석에서 찾을 수 있을 것이다.

폴 디엘은 성숙과 건강한 해방 그리고 창조적 약동의 가능성들이 청소년기에 어떤 식으로 펼쳐질 수 있는지를 물질적 영역·성적 영역·정신적 영역 전반에 걸쳐서 보여준다. 순응적 태도·이념적 고양·사회적 과잉적응(출세제일주의)·탈선의 위험성에 관해서는 더 많은 부분을 할애해서 설명하고 있는데 그중에서 가장 자주 언급되고 있는 것은 청소년들의 은밀한 불만에 내재된 위험성이다. 개인과 사회의 미래는, 우리가 생각하는 것 이상으로, 이와 같은 청소년들의 방향성에 달려있다. 그러나 아무것도 결정적인 것은 없다. 이 가역성 덕분에 개인에 대한 재교육, 다시 말해서 정신요법이 가능하다.

이 책을 읽어보면 쥘 미슐레[1)]가 '교육은 정치의 제1장이자 제2장이며…… 제3장이다!'라고 말했던 이유를 이해할 수 있을 것이다. 큰 사회든 작은 사회든 인간은 사회를 공동으로 통치하고 싶어 한다. 그렇다면 자기 자신은 왜 통치할 수 없겠는가? 우리는 누구에게도 복종하지 않고 누구도 지배하려고 들지 않으면서 함께

---

1) 1798–1874. 프랑스의 역사가. – 역자 주

어울려 사는 법을 배울 수 있다.

폴 디엘에 있어서 다른 사람에 대한 교육과 자기 자신에 대한 교육은, 길이 무수히 많고 그 어떤 길도 미리 정해져 있지 않은 진화 과정의 일부다. 이 과정은 삶의 최초 형태인 기본적 지각에서 출발해 인간의 명료한 정신으로 이어지며, 원초적 감정에서부터 출발해 가장 만족스러운 느낌으로 이어진다. 다른 사람으로부터 사랑받고, 스스로를 사랑하고, 다른 사람을 사랑하는 그 느낌까지. 사랑과 명료한 정신에 대한 이 욕구에 부응하는 것이 바로 교육의 근본 목표다.

아르망 타르피니앙[2)]

---

2) 『동기 심리학회지』의 편집자며 다음 책을 공동 편집했다. *École: changer de cap. Contribution à une éducation humanisante*, Lyon, Chronique sociale, 2007.

소개말[1]

폴 디엘의 계획에 따라서 여기에 한 권으로 묶은 교육에 관한 그의 글들은 발표 당시에도 관심을 끌었고 앞으로도 분명히 그러리라고 생각한다. 건강하고 자율적인 인격 형성을 원하는 아이의 본질적 욕구에 부응하는 것이 교육의 할일인 이상, 부모와 아이가 가장 중요한 관계를 맺으면서 고통을 겪는다면 이것은 생물학적·심리학적으로 시급한 진단이 필요한 문제다. 가치의 혼란 때문에 세대 간의 갈등이 심각해지고 있는

1) 잔 디엘의 소개말은 1979년에 작성됐다.

지금 상황에서, 심리학은 사람들로 하여금 그 가설들을 깊이 이해하고 시험해 볼 수 있는 일관적이고 파급력이 있는 해결책을 제시해 줄 수 있어야 한다.

"교육은 개인의 삶에서 가장 중요한 일이다. 교육의 문제점들은 그 시대를 잘못된 방향으로 이끄는 주범이다."라고 폴 디엘은 말한다. 따라서 개인과 사회의 정신 건강은 교육 문제의 해결에 달려있다. 폴 디엘은 이렇게 덧붙였다. "사회라는 것은 존재하지 않는다. 이 용어는 개인들로 이루어진 공동체, 즉 그들의 자질과 결함이 상호 작용을 통해서 만들어 내는 산물을 지칭하는 추상적 개념이다." 이 주장이 옳다면, 교육의 문제점들을 해명하는 것은 개인 각각에게 해결의 희망을 주는 것이다. 그러나 이 희망을 진화의 단계에 맞춰서 집단적으로 실현하지 않는다면 이것은 한낱 공상으로 그치고 만다. 앞서 나온 여러 권의 저서에서 폴 디엘이 피력하고 있는 견해에 따르면, 세대에서 세대로 전달되는 교육을 통해서 우리의 정신 구조는 더 높은 진화의 단계로 올라설 수 있다. 아직 형성 중에 있는 뇌를 발달시키는 것도, 내면의 시선을 발달시키는 것도 교육을 통해서다. 우리의 자질과 결함을 객관적으로 바라볼 수 있는 힘도 교육을 통해서 길러진다. 교육은 우리가 잠재의식적으로 쉽게 혼동하는 행동의 적절·부적절한 이유들에 관해서도, 다시 말해서 우리의 동기 형성에 관해서도 객관적으로 바라볼 수 있게 도와준다.

인류의 미래는 정신의 역량에 달려있고, 정신은 그 자체적으로 형성의 법칙과 왜곡의 법칙을 만든다. 따라서 인류의 진화를 위해서는 정신 구조에 관한 학문이 체계화되어야 하며 연구 기반으로 인정받아야 한다. 정신적·물질적 주도권을 놓고 서로 다투고 있는 여러 이념들이 지금 당장 자신의 이익과 독단적 신념을 내려놓고 진실을 향해 발전적 노력을 하지 않는다면 어떻게 이것을 바랄 수 있겠는가?

이 책에 실린 글들은 폴 디엘이 1961년에 발표한 『교육과 재교육』에 포함돼 있다. 그는 비교적 직접적이고 쉬운 이 글들만 따로 묶어서 더 많은 독자들에게

다가가고자 했다. 세심한 독자라면 폴 디엘이 제시하는 정신 구조의 역선(力線)들에 놀라움과 감동을 느끼지 않을까 싶다. 정신 구조는 출생에서 청소년기에 이르기까지 단순하면서도 심층적인 이 역선들을 따라서 건설적으로 발전하며, 한편으로는 자연적으로 왜곡되는 경향도 보인다. 왜곡은 특정한 내적 조건과 외적 조건에 의해서 악화될 수 있는데 여기에 관해서도 이 책에서 상세히 다루고 있다.

유아·아동·청소년의 정신적 왜곡의 원인들은 정신병리학 전반을 이해할 수 있게 해준다. 이것들은, 욕망들 전체를 통해서 상상으로 고양되고 부적절하게 수용되는, 자아 존중의 욕구를 중심으로 설명된다. 여기에 관해서 더 깊이 알고 싶은 독자는 같은 주제를 다루고 있는 폴 디엘의 다른 책들을 참고하기 바란다.

한편 폴 디엘은 정신적 왜곡의 우연적 원인과 본질적 원인을 구분했는데, 본질적 원인은 개별 생각들의 가치에 의해서 좌우된다. 이 구분은 정신 건강·정신 위생과 관련된 문제들의 본질을 밝힐 수 있게 해준다.

반드시 필요한 재적응은 개인의 행동을 인습적 규범에 맞추는 것이 아니라, 개인을 삶의 방향에 맞춰주는 것이다. 삶의 방향은 개인과 일치하기를 원하며 또한 욕구들의 적절한 조화를 원한다. 욕구들의 조화는 타인과 화합하고 사회와 균형을 이루기 위한 필수 조건이다. 치료자가 자기 삶의 방향을 모르고 있다면 상대적으로 왜곡이 심하지 않은 사람이라고 해도 무엇을 할 수 있을까? 관건은 생물학적으로 적절한 가치들을 자기도 깨닫고 타인에게도 깨우쳐주는 것이며, 인습적 규범에 행동만 맞추는 것으로 만족하지 않는 것이다. 이 문제는 사변적 해결책이 아니라 과학적 해결책이 필요하다.

'못된 아이'라는 제목이 붙은 글은 내가 거의 20년 전에 발표했던 것으로, 아이에게서 자연스럽게 재교육이 시작되는 모습을 보여주는 사례 연구다. 따라서 이 재교육은 미완성임을 전제한다. 동기 형성에 대한 체계적 인식을 통해서 어른들과 아이들의 관계가 정신적으로 재해석되고 그로 인해 수정될 수 있음을 보여주는 예시로 쓰이기를 바라는 마음에서 남편도 이 글이 출판되기를 원했다.

잔 디엘

1. 어린이와 청소년의 정신 형성과 왜곡

출생 이전의 기간

아동의 정신 발달을 전체적인 역동성 안에서 이해하기 위해서는 출생 이전의 기간이 '자아'의 형성, 다시 말해서 의식적 존재의 구성에 대단히 중요하다는 사실을 유념해야 한다. 아이는 태어나기 전에는 엄마와 완전히 일체를 이루고 있다. 임신한 엄마의 몸은 난자에 영양을 공급하는 기관이다. 수정된 난자는 엄마의 혈액에서 영양을 공급받으면서 태아로 자란다. 번식·영양 섭취·발달은 인생 전반을 규정짓는 세 욕동

[1]이다. 이 욕동들은 태내에서는 미분화된 상태며 수동적이다. 이것들은 출생 이후부터 능동적으로 표현되면서 모든 필수적 욕구들의 토대를 만들고, 이 욕구들은 다양한 욕망으로 전개된다. 욕동들이 분화돼 각기 특징적인 활동 방식이 생길 때 성숙은 완료된다. 욕동의 예비적 형성은 태내에서부터 위태로워질 수 있다. 엄마의 정신적 왜곡이 정서 불안을 유발하면서 내분비계에 불균형을 초래할 수 있기 때문이다. 내분비계의 불균형은 혈액의 영양 공급을 방해해서 태아의 자율 신경 체계가 형성되는 데 영향을 끼친다. 이 영향으로 태아의 내부 기관은 과민해지고 출생 이후에는 정신적·정서적으로 과민한 성향이 나타나 특히 정신과 성

---

1) 프로이트의 정신 분석 이론에 따르면, 욕동은 정신적인 것과 신체적인 것의 경계 개념으로서 욕동의 원천은 신체 내부에서 일어나는 긴장이며 욕동의 목표는 이 긴장을 해소하는 것이다. 따라서 욕동은 특정한 목표를 향해 나아가려는 강박감 또는 추진력이며 사람으로 하여금 의식적으로 무엇인가를 하도록 몰아가는 힘이다. 그러나 욕동 자체는 의식적 자각을 초월한다. 프로이트에 따르면, 욕동은 욕구와 욕망의 중간 개념으로서 욕구는 생물학적 차원에서 결핍을 충족시키려는 생리적 요구를 가리키고 욕망은 욕구의 충족 체험과 관련된 마음의 활동이다. – 역자 주

격을 왜곡시킬 가능성이 있다.

생리적 관계의 단절

생리적 관계가 단절되는 출생을 기점으로 정신생활의 각 단계에서 엄마와 아이 사이에서는 점점 더 결정적인 형태의 단절들이 일어나는데 이 과정에서 다시 왜곡이 일어날 수 있다. 연속적으로 진행되는 이 단절들은 성숙의 필요조건으로서 이것이 원활하게 이뤄진다면 이이는 정신적 자율성을 갖춘 성인으로 자랄 수 있다. 다시 말해서 타인과 자신을 구별할 수 있고 타당한 방식으로 타인과 관계를 맺을 수 있으며 자신이나 타인을 과대평가하거나 과소평가하는 일 없이 자율적으로 살아갈 수 있는 조화로운 개성을 갖춘 인격체가 될 수 있다. 이런 인격체를 키워내는 것이 교육의 궁극적인 목표다. 여기에 완벽히 도달할 수는 없다고 해도 이 목표야말로 교육의 이상이다.

태어나면서 엄마와 분리된 태아, 즉 유아는 독립적

인격체다. 하지만 생리적인 관계는 유지된다. 이제 이 관계는 항구적이지 않고 주기적으로만 이어진다. 엄마는 여전히 아이에게 영양을 공급해주는 기관이다. 포유류의 입술은 본능적으로 무엇인가를 빨게끔 만들어져 있다. 울음과 눈물은 최초의 정신적 표시며 정서적 표현이기는 하지만 여전히 생리적 의미를 담고 있다. 즉 울음과 눈물 속에는 엄마에 의해서 완성되고 영양상으로 엄마와 하나가 되려는 아이의 욕구가 담겨 있다. 그런데 이 욕구에 가장 중요한 영향을 주는 일이 생긴다.

육체적으로 분리되면서 항구성을 잃게 된 생리적 관계가 새로운 형태의 항구적 관계인 모성애로 전환되는 것이다. (엄마와 아이 사이의 정신적 관계를 다룰 때 종종 '애정'이라는 용어를 불가피하게 사용하게 된다. 그런데 이 용어에는 상당히 불쾌한 감상적 느낌이 미묘하게 들어있다. 엄마와 아이의 다정하고 자연스러운 관계는 전혀 감상적이지 않다는 점을 분명하게 짚고 넘어가는 게 좋겠다.)

다정한 관계와 아동의 발달

갓난아이는 자신의 생리적 욕구에 대해 대단히 자기중심적이다. 아이가 자신의 존재를 세상으로 드러내서 육체적·정신적인 한 단위, 즉 자아로 성장할 수 있게 해주는 것은 오로지 모성애밖에 없다. 애정은 아이의 발달과 삶에 있어서 육체의 양식 못지않게 중요하다. 따라서 애정은 영혼의 양식이라고 부를 수 있다.

막 싹트기 시작한 아이의 정신 구조는 아직 분화되지 않아서 엄마와 아이는 이 새로운 관계를 상당히 다른 방식으로 경험한다.

엄마는 아기를 한 사람으로, 하나의 개체로 본다. 엄마의 사랑은 능동적이다.

그와 반대로 유아는 애정을 받을 줄만 안다. 순수하게 생리적인 유아의 정서성은 아직 드러나지 않아서 다양한 느낌으로 전환되지 못한 상태에 있다. 유아는 연속되는 자극들만 경험할 뿐 이것들을 기억하고 서로 연관 짓지는 못한다. 유아는 배고픔을 느끼고, 배고픔을 느끼면 자기가 곧 배고픔이다. 어느 순간에는 자세 때문에 아픔을 느끼고, 그럴 때면 자기가 곧 아픔이다. 유아는 자신을 하나의 개체로 느끼지 않기 때문에 엄마도 개체로 느끼지 않는다. 엄마는 연속되는 자극일 뿐이다. 때로는 자기를 먹여주는 가슴이고 때로는 쓰다듬어주는 손이며 가볍게 흔들어주는 팔이다. 하지만 머지않아서 이 자극-엄마는 좀 더 감정적인 형태로 지각된다. 달래주는 목소리가 되고 미소 짓는 얼굴이 되는 것이다.

애정을 받으려는 욕구는 아이가 애정에 미소로 반응하는 능력을 키우면서 차츰차츰 채워진다. 규칙적인 보살핌, 따뜻한 시선과 목소리로 표현되는 엄마의 애정은 점차 매우 중요하고 새로운 의미를 갖게 되는데, 그것은 바로 약속으로서의 엄마다. 이 애정은 엄마의 가슴이 아닌 엄마의 사랑 속에서 아이가 안정감을 느끼게 해준다. 아직 불완전한 개체인 유아의 보호받으려는 욕구와 채워지려는 욕구는 이렇게 해서 엄마에 대한 미묘한 감정으로 바뀌어 나간다. 안전하게 보호 받고 있는 느낌은 태아의 평온을 빼앗긴 유아의 생리적 정서성, 다시 말해서 본능적·충동적 불안감을 달래준다. 엄마의 애정은 미래의 만족에 대한 약속으로서 받아들여지고 이 애정을 통해서 다양한 감정생활의 밑그림이 그려진다. 엄마에 대한 아이의 수동적 사랑에는 자아라고 하는 통합적 원리가 형성되기 위한 또 하나의 조건이 동반되는데, 정신생활의 밑그림이라고 할 수 있는 지속 또는 기억에 대한 느낌이 바로 그것이다.

오로지 애정에 의해서만 유아는 발달의 여러 단계들을 하나씩 거쳐서 의식적 자아에 도달할 수 있다. 자아 형성을 위한 조건은 다양하며, 각각의 자극은 그것들이 극복될 필요가 있는 것이라면 자아의 건강한 형성에 도움이 된다고 할 수 있겠다. 이 조건들은 중요한 연구 주제가 되어왔다(앙리 왈롱[2], 장 피아제[3]).

나는 이 연구에서 애정에 대한, 좀 더 보편적으로 말하자면, 사랑에 대한 기본적 욕구와 직접적으로 관련되는 조건들을 밝히고자 한다. 사랑의 욕구가 충족되지 못하면 자아는 왜곡된다. 애정이 교육적이고 발전적인 역할을 하기 위해서는, 아이의 고유한 욕구들을 받아주기도 하고 거부하기도 하면서, 엄마로부터 아이에게로 평온하고 지속적인 느낌을 주며 흘러야 한다.

적절한 애정을 받는다면 아이는 타인에게 애정을 주는 법과 좁고 불완전한 자기중심성에서 빠져나오는 법을 배울 수 있을 것이다. 애정은 아이가 충동적 욕

---

2) 1879–1962. 프랑스의 심리학자·정치가·철학자. 이상(異常) 아동의 원인을 생물학적·사회적 차원에서 설명하면서 아동의 발달 문제를 유물론적으로 해석했다. 문교부 장관으로 일하면서 혁신적인 교육 개혁안을 작성하기도 했다.

3) 1896–1980. 스위스의 심리학자. 아동의 정신 발달에 관한 연구를 통해서 인식론과 관련된 심리학 이론을 세우는 데 공헌했다.

구들로 이뤄진 자기중심성에서 빠져나오기 위해서 본능적으로 요구하는 것이다. 따라서 애정은 아이를 진정시키는 역할만 하지 않는다. 아이를 이끌어주는 힘도 있다. 정신 구조가 건강하게 발달되고 있다면 아이는 사랑받고 싶다는 욕구만 느끼지 않는다. 누군가 자기를 이끌어주기를 원한다. 사랑받는 환경과 자신의 욕구들을 잘 조화시킬 수 있도록 누군가가 도와주기를 원한다. 아이의 이런 바람은 사랑을 잃을 수도 있다는 두려움 때문이다. 아이를 이끄는 일은 권위의 형태를 취하는 애정으로서, 이 애정은 형태만 다를 뿐이다. 권위적 형태의 애정은 아이의 위험한 욕구 충족을 단호히 거부함으로써 아이의 욕구들이 조화롭게 통합되고 아이가 주변 환경에 잘 동화할 수 있도록 돕는다. 이것이 바로 교육의 할일이며 아버지가 아이의 세계에 더 깊이 개입해야 하는 이유다.

사랑에서 사랑-증오로의 변질

아이가 사랑을 지나치게 받거나(애정이 감상적인 경우) 충분히 받지 못하면(아이가 지도를 과도하게 받거나 충분치 받지 못하는 경우) 아이의 정신 구조는 건강하게 형성되지 못하고 왜곡될 위험이 있다. 발달 단계들을 거치면서 왜곡은 더 심해진다. 아이는 부모를 마음껏 사랑하지 못해서 진심으로 괴로워한다. 괴로움의 근원은 결국 증오의 대상이 된다. 이렇게 해서 사랑이라고 하는 중요한 관계의 일부가 증오로 바뀐다. 증오는 말해서는 안 되는 것. 그래서 억압된다. 증오를 억압하는 방법은 사랑을 고양하는 것이다. 고양된 사랑은 모순적이고 양가적인 두 느낌으로 다시 나뉜다. 한편으로는 타인 즉 부모를 향해 고양된 애원적 사랑(감상성)으로 변질되고, 다른 한편으로는 부모의 사랑에 실망한 나머지 자신을 향해서 고양된 사랑(자기애, 허영심)으로 후퇴하는 것이다. 잠재된 증오는 부모에 대한 비난(책망)과 자신에 대한 비난(고양된 죄의식)으로 나뉜다. 이상이 부적절한 정당화의 네 가지 성향이다. 이 성향들은 매우 다양한 종류의 부적절한 태도로 표현되는 잠재의식적·강박적 술책으로 점차 변한다. 이 태도들은 거부당한 사랑을 감상적으로 강요하거나 기대에 어긋난 사랑에 복수를 하려는 것이 목적이다. (부모와 아이 사이의 사랑-증오는 실제로 존재하지만 프로이트 정신 분석학에서는 이것을 오이디푸스 콤플렉스라고 하는 거짓 신화의 형태로 제시하면서 성적으로 해석하고 있다. 아이는 갓 싹이 터서 이제 자라기 시작한 생명이며, 아직 분화되지 못한 아이의 사랑은 생명이 지닌 모든 욕구들의 근간이자 모든 정신 기능의 원천인데, 새롭게 지어낸 신화의 형태로 그것을 해석하는 것은 완전한 오류다! 이 견해는 앞으로 재고해볼 필요가 있다.)

그러나 현재로서는 사랑에서 잠재적 증오로의 변질·부적절한 정당화와 동기 형성·초기 자아의 점진적 왜곡에 대해서 단계별로 살펴보고자 한다. 신경증이 있는 부모는 교육을 하면서 의도하지 않게 또는 지나치게 '좋은 의도' 때문에 종종 방향을 잃는다. 아이와 거리를 두거나 관계를 절제하는 큰 실수를 저지르는 것이다.

아이는 태어나는 순간부터 왜곡된 영향을 받는다. 신경증이 있는 엄마는 쉽게 화를 내고 냉담한 목소리와 시선으로 아이를 대한다. 또 어떨 때는 애정이 감상적으로 고양되기도 한다. 갓난아이는 변덕스러운 보살핌에 노출되고, 막연한 불안과 불안정을 조성하는 모순적인 감정과 태도에 놀란다.

유아의 울음과 눈물이 발작적이 될 때 이것은 단순히 도와달라는 뜻이 아니다. 이것은 비탄의 표현이다. 그리고 정서적 동요 즉 발작적 분노의 표현이다. 정서적인 경련과 함께 근육에도 경련이 일어난다. 신경증으로 발전할 조짐이 나타나기 시작한 것이다. 머지않아 아이는 엄마의 관심을 억지로 끌기 위해서 울음과 눈물을 이용하게 된다. 아직까지 이것은 자동적으로 일어나는 생리적 태도일 뿐이다. 그렇지만 장차 부적절한 동기 형성이 이루어질 기미가 보이는 부적절한 반응인 것은 사실이다. 갓난아이의 자기중심성은 전제적으로 변하고 허영심의 전조를 보인다. 화를 내면서 우는 울음은 비난을 예고하고 눈물은 벌써부터 감상적인 연민을 드러낸다. 이 자동 현상들은 엄마와 아이에게서 삶에 대한 부적절한 태도가 최초로 나타났음을 알려준다. 이 태도는 자기중심성의 연장으로서 일차적 정서성이 분화되는 것을 방해한다.

부적절한 자동 현상들은 아기가 엄마와의 공생 관계에서 벗어나 객체의 세계를 향하게 될 때 더욱 심해진다. 그때까지 엄마에게 고정됐던 아이의 욕구들은 외부 대상들을 향한 다양한 욕망으로 분화된다.

애정에 대한 욕구와 지식에 대한 욕망

생후 6개월이 지나면 애정은 부분적으로 엄마로부터 분리돼 외부 대상들로 향한다. 이 단계는 매우 중요한데, 영양 섭취와 같은 순수한 생리적 욕구가 아닌 새로운 중요한 욕구가 출현했음을 알려주기 때문이다.

이것은 바로 지식의 욕구로서, 처음에는 놀이를 통해서 충족된다. 놀이 덕분에 아이는 점차 공간과 시간 속으로 들어간다. 그리고 자기 팔다리를 가지고 놀면서 자신의 몸에 대해서 알게 된다.

생후 2년에 접어들면 아이는 공간을 돌아다니면서 자신의 몸과 외부의 대상들을 더 잘 구별하게 된다. 아이는 필요하든 필요하지 않든 모든 사물을 다 갖고 싶어 하고 모두 자기 것이라고 생각한다. 그리고 기분 내키는 대로 그것들을 사용하거나 버린다. 그것들은 단지 놀잇감일 뿐이다. 아이는 아직 '내 것'과 '네 것'을 구별하지 못해서 부모는 수시로 아이를 제지해야 한다. 다정한 관계가 형성돼 있다면 아이는 소중한 이 관계를 유지하기 위해서 부모의 제지를 수용한다. 대상-놀잇감에 대한 욕망의 증가는, 올바른 적응을 위해서 필요한, 포기의 규율을 배울 수 있는 기회다. 그런데 신경증이 있는 부모는 너무 자주, 독단적으로, 거의 매번 성급하게 아이를 제지한다. 아이는 이것을 다시금 애정에 대한 거부로 느낀다. 그래서 울음과 눈물로 맞서면서 부모를 화나게 만든다. 이렇게 되면 사랑은 부모로부터 점점 더 떨어져 나와 다양한 욕망 속으로 흘러들어갈 위험이 높다. 욕구 불만이 깔리면서 놀이의 욕구가 강렬해지는 것이다.

애정에 대한 욕구 불만과 부적절한 동기 형성

애정에 대한 욕구 불만은 양가적인 두 종류의 신경증적 성격을 만든다. 하나는 거부당한 애정에 대한 고양(감정의 과민)이고 다른 하나는 욕망의 고양인데, 욕망이 고양된다는 것은 자기중심성을 극복할 수 있는 능력을 상실한다는 것을 의미한다. 이 양가적 토대 위에서, 부적절한 동기 형성의 중추가 되는 죄의식이 나타나게 된다.

애정과 유희에 대한 자연스러운 욕구가 욕구 불만 때문에 고양되면 정신적 왜곡에 의한 반응들로 인해서 두 욕구가 서로 연결된다. 애정에 대한 욕구 불만이 클수록 유희에 더 몰두하게 되는 것이다(절제력이 약하고 흥분을 추구하는 '통속적' 경향의 시작). 응석받이의 경우도 거부당한 애정과 과도한 유희의 양가적 관계로 설명할 수 있다. 응석받이는 무한한 애정을 받은 나머지 한계를 벗어나는 행동을 해서 결국에는 제지를 당한다. 제지가 너무 심하고 조급하게 이뤄지면 아이는 포기하는 습관을 키우지 못했기 때문에 더 못 견뎌 한다. 이것은 욕구 불만의 여러 형태 가운데 하나일 뿐이다.

좌절된 사랑과 금지당한 유희는 절대 충족될 수 없는 법이다. 이 내적인 상처는 마음이 여린 어린아이에게 정신적 갈등을 일으킨다. 아이는 갈등을 해소하려고 해보지만(감상적으로 순종하는 상황까지 가면서) 계속 실패한다(토라지거나 격하게 반항하는 상황까지 가면서). 반복적으로 교차되는 추락과 상승은 신경증이 있는 사람에게서 일생 동안 나타나는 가장 뚜렷한 특징이다.

이런 갈등이 계속되면 당연히 원망(비난)·감상성·부루퉁한 자기애(허영심)·죄의식 같은 감정들이 생기기 마련이다. 만 세 살 이전에 나타나는 이 감정들은 아기의 울음과 눈물 같은 본능적·자동적 행위는 넘어선 단계지만 부적절한 동기 형성에서 나오는 술책은 아직 아니다. 아이는 엄마-보육자로부터 이제 막 분리됐기 때문에 매우 의존적이어서 심지어 잠재의식적으로도 반항하지 못한다. 아이의 반항적 감정들은 거의 의식되지 않으며 사랑에 대한 욕구 속에 잠겨있다. 이 감정들은 잠재적(강박적)·일관적이라기보다는 무의식적(본능적)·단편적이다. 그리고 서로 연결되지 않아서, 부적절한 방식으로 (자신에 대해서는 상상을 하고 다른 사람들의 생각에 대해서는 말로 그것을 표현하면서) 자기를 정당화하는 술책도 세우지 못한다. 또한 부적절한 정당화의 술책이 강화된 형태인 부적절한 동기 형성의 술책도 세울 수 없다. 부적절한 동기 형성의 술책이 작동되면 각각의 행동은 다른 모든 행동들을 지지하고 자극해서 결국에는 단단하게 밀착된 하나의 행동군을 형성한다.

부적절한 동기 형성에 의한 잠재적 술책이 나타나

는 시기는 엄마와 아이 사이에 새로운 형태의 분리가 일어났을 때다. 이 단계를 설명하기 전에, 신경증이 있는 부모가 아이를 대하는 태도를 간단히 살펴보는 것도 도움이 될 것 같다. 그들의 태도는 그들 자신의 부적절한 동기 형성에서 비롯된다.

부적절한 동기에서 비롯되는 부모의 태도들

부모의 태도는 부모 양쪽이 모두 아이를 지나치게 귀여워하거나 실망시키는 경우도 있고, 한쪽은 아이를 귀여워하는데 다른 쪽은 실망시키는 경우도 있으며, 그때그때 부모의 기분에 따라서 아이를 귀여워하거나 실망시키는 경우도 있다.

이런 태도들은 아이가 태어나기 전부터 나타날 수 있다. 엄마는 교만한 희망이나 감상적 희망을 품은 채 기다릴 수도 있고 원치 않는 부담으로 여길 수도 있다. 아이가 태어나면 엄마의 고양된 상상은, 역설적이지만, 아기의 의견에 의존할 가능성이 높다(비록 아기는 의견을 가질 수 없다고 해도). 엄마는 자신이 최고의 엄마라는 느낌을 아이에게 전달하고 싶은 비밀스러운 욕망을 품는다. 이 욕망은 자신의 아이가 최고의 아이가 됐으면 좋겠다는 비밀스러운 욕망과 이어진다. 그래서 엄마는 아이의 사소한 변덕까지 받아준다. 부모가 양쪽 모두 이런 허영심을 품으면 이들은 아이가 자기를 더 좋아하기를 바라는 마음에서 은밀히 싸움을 벌일 수도 있다. 이와는 반대로 양쪽 부모든 한쪽 부모든, 아이가 자유를 앗아간 원인이라고 생각하면서 아이를 견디기 힘든 부담으로 여길 수도 있다. 그들은 자유로운 생활을 즐길 수 없다는 이유로 아이를 은밀히 비난하거나, 아이 때문에 자신들의 야망을 실현할 시간이 없어서 인생을 망쳤다고 핑계를 댄다.

아이를 지나치게 귀여워하고 떠받들거나 아이를 실망시키고 평가 절하하는 성향을 통해서 드러나는 이 모든 허영적·감상적·비난적 태도는 항상 죄의식을 동반한다. 이것은 교육과 관련된 정신 병리학적 문제며 문제의 발단은 부적절한 동기 형성에 있다.

자아의 탄생

만 세 살 무렵이 되면 아이는 건강치 못한 영향으로 부분적으로 왜곡된 채 자아가 형성되는 시기로 들어간다. 하지만 이 자아는 아직 과거와 미래를 잘 연결시킬 수 없는 감정적 자아다.

이 시기가 되면 편애의 대상인 엄마에게 응집돼 있던 아이의 정동[4]은 엄마로부터 서서히 떨어져 나와 대상-놀잇감을 향하면서 다양해진다. 아이는 마침내 자신과 대상을 구별할 수 있게 되고 그 자신이 하나의 대상-주체 즉 자아가 되기 시작한다. 일단 자아가 형성되면 아이의 관심은 다양한 대상-놀잇감에서 다양한 '자아' 쪽으로 향한다. 배타적으로 엄마에게만 향했

---

4) 감정과 정서를 포괄하는 모든 감정 상태. 정동은 주관적 경험, 인지적 요소, 생리적 요소를 포함하는 복합적인 심리생리적 상태이며 그중 어떤 부분은 무의식적이다. 따라서 정동은 다른 사람에 의해서 더 객관적으로 관찰될 수 있다. – 역자 주

던 관심이 아빠와 주변 사람들에게 향하게 되는 것이다. 아이는 사람들과 함께 놀기 시작하는데, 사람에 따라서 아이가 취하는 태도는 모방에서부터 대립까지 다양하다(아이는 만 여섯 살에서 일곱 살까지 감정적·상상적 존재로 머물기 때문이다). 그러나 자아가 구성되기 위해서는 일차적 정서가 (우선 외부의 대상들을 통해서 다양해진 뒤에) 사람들에 대한 다양한 느낌으로 변화하는 것만으로는 충분하지 않으며, 이 느낌들이 과거와 미래에 연결되어야 한다. 아이는 처음에는 애정-약속을 통해서 그 뒤에는 대상-놀잇감의 지속적인 소유를 통해서 차츰차츰 시간을 느낌으로 체험한다. 마침내 내 것과 네 것도 구별할 수 있게 된다. 그리고 이 구별에 힘입어서 나와 너의 구별도 가능해진다. 이 구별은 새로운 단계의 특징이자 가장 중요한 구별이다.

애정과 존중

분리의 다음 단계는 존중이라고 하는 새로운 형태의 관계를 동반한다. 존중은 단순한 정서적 표현이 아니라 구체적인 애정이며 당연히 받아야 하는 애정이다. 이 애정은 허락될 수도 있고 거부될 수도 있으며, 허락되거나 거부되는 방법이 공정할 수도 있고 공정하지 않을 수도 있다. 그래서 아이는 이런 상황을 정당하다고 느끼거나 부당하다고 느낀다.

하나의 자아가 되고 있는 이 아이는 존중받고 싶어 한다. 그러나 앞서 거쳐 온 여러 단계에서 왜곡이 이루어져서 응석받이가 됐거나 욕구 불만 상태가 됐기 때문에 존중받을 만한 모습을 갖추지 못하고 있다. 그런데 바로 이 사실이 존중의 욕구를 고양시킨다. 아이는 타인과 존중의 관계를 맺는 대신, 이제 막 만들어지고 있는 자신의 자아를 표현하기 위해서 고집을 피우며 막무가내로 자신을 내세운다. 아이는 존중받지 못하기 때문에 또는 존중받지 못한다고 생각하기 때문에 이 상황을 부당하다고 느낀다. 그래서 상상을 통해서 자기를 정당화하기 시작한다. 아무 근거도 없이 부적절하게 자기를 정당화하는 버릇은 금세 몸에 밴다. 지금까지 분리돼 있었던 반항적 성향들이 정당화를 위해서 하나로 합쳐지고 이 정당화는 앞으로의 행동들을 결정하는 동기로 작용한다. 부적절한 동기 형성도 처음으로 나타나지만 아직은 미미하다. 다른 사람을 비판적으로 깎아내림으로써 감정 상태를 고조시키는 방법을 아이가 아직 터득하지 못했기 때문이다. 하지만 자신에 대한 과대평가는 태도와 행동을 통해서 이미 진행되기 시작한다. 이 태도와 행동들은 부적절한 동기를 갖고 있다는 점에서 서로 연관성이 있으며, 존중을 받아내는 것 또는 존중받지 못하는 것에 대한 복수가 목표다. 그리고 이 목표를 위해서 잠재의식적 술책을 이용한다. 정신 내부의 원리인 부적절한 정당화-동기 형성으로 인한 상상의 고양은, 화를 내면서 끊임없이 존중을 원하는 자기애의 다음 네 가지 성향으로 이루어진다. 자신에 대한 과대평가(허영심), 이와 대조적으로 양립하는 자신에 대한 평가 절하(죄의식), 자신에 대한 평가 절하가 필연적으로 불러오는 다른 사람들에 대한 과대평가(감상성), 이와 대조를 이루면서 허영심을 채우는 소재로 쓰이는 다른 사람들에 대한 평가 절하(비난). 이 네 가지 성향은 악순환을 거듭하면서 점차 깊은 잠재의식 속으로 들어간다.

자기를 정당화하는 상상은 필연적으로 동기 형성을 촉진하게 되어있다. 동기는 순수하게 말로만 실현될 가능성이 높다. 이를테면 잘난 체, 감상적인 하소연, 질책, 다른 사람에 대한 비방 같은 특징들이 아이에게서 뚜렷하게 나타난다. 하지만 사람들로부터 어떻게든 존중을 받으려는 목적으로 (또는 자기를 존중해주지 않는데에 복수를 할 목적으로) 엉뚱한 계획을 실현하는 단계는 아직 아니다. 그 단계에서는 예를 들자면 한숨을 길게 자주 쉬는 등의 행동을 하는데, 부적절한 동기 형성은 이런 식으로 해서 나중에는 운동 신경, 다시 말해서 온몸을 이용하고 결국에는 모든 활동을 지배하게 된다. 한편, 현재 단계에서 아이에게 현

저하게 나타나는 것은 불안이다. 불안은 어른에게 (비록 말로는 표현한다고 해도) 도전하지 못한 경험들이 반복해서 쌓인 결과다. 이것은 운동 신경을 마비시키고 그 결과 동기가 몸을 통해서 실현되지 못하고 근육의 경련으로만 표출된다(틱, 말더듬, 소심한 태도 등등).

아동의 발달 단계가 가정생활과 아이의 정신 발달에 초래하는 복잡한 문제들을 다루기에 앞서 지금까지 설명한 내용을 간단히 요약해볼까 한다. 자아가 조화롭게 형성되기 위해서는 애정과 존중이 필요하다. 하지만 한편으로는, 조화롭게 형성된 자아만이 존중받을 수 있다. 애정과 존중에 대한 욕구 불만(또는 고양)을 조장하는 잘못된 교육은 왜곡을 일으키는 외부 조건(존중의 거부)에 아동의 자아를 더 많이 노출시켜서 의식 하부에 잠재하고 있는 왜곡의 내적 원인에 더 강하게 사로잡히게 만든다. 이렇게 해서 교육은 왜곡되고 존중받을 수 없는 자아를 만들어낸다. 왜곡의 내적 원인은 부적절한 동기 형성으로서 이것은 존중받기 위한 부적절한 술책과 죄의식의 느낌을 억압하기 위한 부적절한 술책을 만들어낸다.

부적절한 동기 형성은 부모뿐만 아니라 형제자매를 향해서도 나타나기 때문에 많은 가정에서 상황은 더 복잡하다. 아이들은 부모로부터 존중을 받기 위해서 그리고 이제 막 시작된 자신의 자아에 가치를 부여하기 위해서 서로 싸운다. 자아가 왜곡되어 있을수록 아이는 자신에게 더 많은 가치를 부여하고자 한다. 극도로 부적절한 동기에서 나온 매우 무분별한 방법들이 이용되는데, 감상적인 순종부터 노골적인 반항까지 그 방법은 여러 가지다. 그러나 본질적으로 (아이의 나이에 따라 이제 막 시작됐거나 이미 완전하게 형성된) 부적절한 동기 형성에서 비롯되는 아이들의 싸움은 이유 없는 부모의 편애·성별·서열 같은 다양한 가정 환경에 의해서 촉발된다.

질투가 어린 불안한 마음으로 아이는 형제자매가 자신을 표현하고 가치를 인정받기 위해서 어떤 시도들을 하는지 지켜본다. 한쪽은 앙심을 품고 다른 한쪽은 승리를 거두는 상황이 번갈아 나타나면서 가족 구성원 모두가 예민한 분위기에 휩싸인다. 신경증이 있는 가정에서는 부모가 성급하게 화를 낸다. 아이들의 짜증은 말싸움으로 변하고 그러면 부모가 끼어들어서 자기가 은근히 편애하는 아이를 편든다. 아이들이 싸우고 끝낼 일을 부모가 말려들면서 싸움은 길어지고, 부부는 자신들이 교육을 잘못했다는 사실은 뒷전으로 미룬 채 서로에 대해 쌓였던 불만을 아이들이 보는 앞에서 쏟아낸다. 아이들은 말없이 부모를 지켜본다. 그들은 부모가 서로에게 잘못을 전가하며 싸우는 모습을 보면서 부모의 태도를 모방한다. 부모는 각자 혼자만 잘못을 저지른 것처럼 부당하게 비난받는 것에 대한 반발로, 상대에게 전적으로 책임을 돌리면서 부당하게 자기를 정당화한다. 그래서 아이들도 자기 잘못을 억누르면서 자기는 잘못한 게 없다며 교만한 태도로 상대를 비난하고, 실제로 당한 부당한 일을 상상을 통해서 더 크게 부풀리며 감상적인 자기 연민에 빠진다. 부적절한 동기 형성은 부적절한 반응·감정의 억제와 폭발·

위장·말대꾸·속임수·난폭한 언행을 만들어 내면서 뚜렷하게 드러난다. 불평과 질책과 눈물과 울음이 난무하고, 부모가 끼어들어보지만 소용이 없다. 권위는 실종되고, 거칠고 부당하게 벌을 주며 권위를 다시 세워보려는 악순환이 되풀이되면서 상황은 계속 악화된다.

프로이트와 아들러의 공헌과 한계

프로이트의 정신 분석학은 아이-부모 관계를 강조하면서 성적인 질투로 이것을 설명한다. 반면에 아들러의 개인 심리학은 아이들 사이의 관계를 강조하면서, 신경증이 있는 가정에서 벌어지는 황폐한 싸움을 지배 본능으로 설명한다.

프로이트의 이론은 심리학에 혁신을 가져왔고 현재 거의 보편적으로 가치를 인정받고 있다. 거의 보편적으로 반론이 제기되는 부분도 있는데, 그것은 이 이론이 모든 것을 성으로 해석한다는 점이다. 모성애는 성적인 차원에 속하지 않으며 아이 안에서 싹트는 사랑도 마찬가지다. 명백히 영양 섭취와 관련해서 생리적으로 시작되는 모자 관계에는 기본적으로 안전의 욕구가 깔려있으며 안전은 생존의 필수 조건이다. 모자 관계는 아동의 발달에도 중요하다. 사람들 사이에서 맺어질 수 있는 다양한 정신적 관계(애정, 친절, 선의, 우정 등등)가 엄마와 아이 사이의 사랑을 통하여 만들어지기 때문이다.

모성애가 준비시켜야 하는 다양한 대인 관계 중에는 성적으로 성숙했을 때 연인을 선택하고 관계를 맺어나가는 능력도 포함된다. 연인 간의 사랑이 지향하는 목적은 모성애와 마찬가지로 생리적 행위를 더 높은 차원의 지속적인 애정 관계로 끌어올리는 것이다. 연인의 관계는 애정과 애무가 주를 이룬다는 점에서도 모성애와 공통점이 있다. 하지만 이 유사성을 근거로 갓난아이의 행동을 성적으로 해석하는 것은 옳지 않다. 이 해석에서 유일하게 맞는 말은, 욕동들과 각 욕동에 딸린 쾌감들이 아이 안에서 아직 분화되지 않았다는 것이다. 사실상 엄마의 젖을 빠는 쾌감은 성행

위의 쾌감과 어느 정도 유사하다고 볼 수 있다. 그러나 비록 쾌감의 근원이 같다고 해도 이 가설을 정당화할 수는 없다. 이제는 정론이 되어 버린 이 가설은 영양 섭취와 관련된 모자의 관계를 성적으로 해석하면서 성욕 이론을 모든 소화 기관으로까지 확대해서 적용한다. 다시 말해서 입으로 젖을 빠는 것과 배설 행위가 성 행위와 유사하다고 간주한다. 기본적으로 영양 섭취 기관인 소화기(입, 항문)를 이론적으로 생식 기관이라고 간주하면서 소화기가 성 본능을 일깨워 그 다음 단계들(구강기, 항문기)을 결정한다는 주장과 성 본능이 정신 발달의 결정적 원리라는 주장은 절대 받아들일 수 없다. 이것은 욕동들이 응축돼 있는 그 개체가 이제 막 태어난 아이라는 사실을 무시하는 것이며, 아이의 성장에 내재된 심오한 의미를 무시하는 것이다. 이것은 삶이 지향하는 방향을 무시하는 것이다. 그렇다고 해서 유아 성욕 이론을 정당화하는 것처럼 보이는 사실들이 아예 존재하지 않는다고 말하는 것은 잘못이다. 아기를 보살피려면 성적으로 성숙해졌을 때 성적 기능을 맡게 될 민감한 신체 부위를 만질 수 밖에 없다. 아이는 이러한 접촉을 애무로 받아들이지만 아이에게 애무는 애정의 표시일 뿐 다른 의미는 없다. 아이가 애정에 욕구 불만을 느끼는 경우에는 애정을 그리워하면서 민감한 부위를 만지기도 한다. 아이가 자기를 애무하는 이런 행동은 단지 자기를 위로하는 것일 뿐, 전혀 성적인 상상을 동반하지 않는다. 이것을 유아 성욕으로 설명하면서 여기에서 일정한 유사성 이상의 의미를 찾는 것은 아이를 성인으로 취급하는 것이다. 아이의 이런 행위들이 자위로 변질될 가능성은 이후의 일이며, 자위에도 마찬가지로 위로의 의미가 있다.

자위는 아주 어릴 때부터 심하게 금지되고 그 때문에 생식기에 대한 호기심을 불러일으킨다. 이 호기심은 일단 발동되면 다른 것들도 알고 싶게 만든다(출생, 남녀의 차이, 부모의 성관계). 부모가 아무 설명도 없이 적대적인 혐오감만 드러낼 경우, 호기심은 그 즉시 상상을 통해서 강화돼 결국에는 양가적으로, 다시 말해서 알고자 하는 강한 욕망과 거부감으로 나뉘게 된다. 성적인 문제에 고착된 불안은 이렇게 해서 아이로 하여금 부적절한 동기 형성을 하게 만드는 소재가 된다. 아이는 호기심·조숙하게 성을 이해하려 든 허영심·부모를 감상적으로 비난하는 자신의 행동에 대해서 죄의식을 느낀다. 부모가 '수치스러운' 일을 숨기는 게 아닐까 하는 의심은 아이를 극도로 고통스럽게 만드는데, 이 경우에도 불안은 근본적으로 성욕과 연관되는 것이 아니라 부모와의 불만스러운 감정적 관계와 연관된다.

아동의 정신적 왜곡을 이해하는 문제에 있어서 유아 성욕은 설명 원리가 될 수 없다. 아동의 정신적 왜곡은 더 깊은 원인으로 설명되어야 할 왜곡 현상이기 때문이다. 이 말은 개인 심리학에서 설명의 기본 원리로 소개되고 있는 지배 본능에 대해서도 유효하다. 심리학에서 '본능'은 가장 모호한 용어로서 정의하기 어려운 기능에는 다 이 용어가 사용된다. 반면에 지배욕구는 아이들 사이의 싸움을 지칭하는 명확한 용어다. 모든 싸움의 목적은 지배다. 그러나 이 욕구, 다시 말해서 이 싸움은 본능에서 기인하는 것이 아니다. 지배 욕구는 나중에 나타나는 왜곡으로서, 자아가 형성되는 과정에서 다른 왜곡된 성격 특성들과 함께 나타나는 정신적 현상이며 이 현상에는 설명이 필요하다. 설명이 유효하기 위해서는 명목상의 설명이 아니라 실제적인 설명이 되어야 한다. 설명이 실제로 가치가 있으려면 왜곡의 특성들 전체를 하나의 공통분모로 묶어줄 수 있어야 한다. 다양한 형태의 욕구 불만이 바로 이 공통분모며, 부적절한 정당화의 해로운 욕구는 여기에서 기인한다.

알프레드 아들러는 열등감·평가 절하 성향·관심을 독점하려는 욕구 같은 부적절한 동기 형성의 태도들을 발견했으며, 약간 모호하기는 하지만, 부적절한 정당화의 술책(권위 과시 전략)을 예견했다. 이 점에서 그는 프로이트가 창시한 무의식의 심리학에 상당한 공헌을 했으나 프로이트의 학설에 묻히고 말았다. 그러나 아들러는 몇 가지 점에서 정신적 기능을 충분히 이해하지 못했다. 우선 그는 열등감에 관해서 설명하면서, 열등감을 부적절한 우월감과 적법하게[5] 연관시키지 않았다. 또한 평가 절하 성향에 관해 다루면서 이 성향을 자신과 타인에 대한 평가 절상 성향과 연결시키는 양가성의 법칙을 도출하지 않았다. 관심을 독점하려는 욕구와 관련해서도 이것이 타인들의 견해에 대한 불안감(끊임없이 관찰·비판·단죄되고 있다는 위협적 감정)과 불가분의 관계임을 지적하지 않았다. 또 한편으로, 고양되고 왜곡된 감정들을 다루면서 그와 대조적으로 고양되는 반대 감정들을 밝히지 않았다. 그리고 이 모든 대응 관계와 전반적인 양가감정들이 잠재의식적 술책을 지원하기 위해서 어떤 식으로 연결되는지에 관해서도 살펴보지 않았다.

왜곡의 적법성을 출발점으로 삼아서 정신의 형성 법칙을 이해하고 치료의 목표를 제대로 세울 수 있으려면, 부적절한 정당화의 악순환을 전반적으로 훑어보

---

5) 이 용어는 정신 구조의 법칙들에 일치함을 의미한다(폴 디엘의 『교육과 재교육』을 참조할 것).

면서 부적절한 감정과 태도들 각각에 대한 양가감정을 찾아내고 그렇게 해서 악순환을 끊어내야 한다. 치료의 진정한 목표는, 그 자체가 왜곡된 측면을 갖고 있는 상식(여론)에 개인을 맞추는 게 아니라 삶이 지향하는 방향에 개인을 맞추는 것이다.[6] 삶은 욕망들이 조화를 이루는 쪽으로 나아가며 욕망들의 조화야말로 정신 형성의 궁극적인 목표다.

왜곡된 성격의 지배적 특징들

왜곡된 성격의 수많은 특징들을 모두 상술하기는 불가능하다. 이 특징들은 한편으로는 가정 환경에서 기인한다(형제자매의 서열에 따라서 아이의 가정 환경은 달라진다). 그러나 한편으로는, 부적절한 동기 형

---

6) 리오넬 나도는 폴 디엘이 아들러의 공헌을 온전히 인정해준 소수의 사람들 가운데 한 명이었다고 언급하면서, 다만 '사회적 감정'을 '상식'으로 환원한 것은 폴 디엘의 오류라고 봤는데 이는 적절한 지적이다. Lionel Nadaud, Revue de psychologie de la motivation, n°17, 1994.

성의 네 성향 가운데 하나가 우세해져서 아이의 활동 속으로 폭넓게 침범해 들어간다는 사실과도 관련이 있다(하지만 겉으로 드러나는 활동의 저변에는 네 성향의 동기들이 모두 깔려있다). 그래서 허영심은 고양된 야망의 형태로 확대될 수도 있고 허풍이나 궤변 등의 형태로 확대될 수도 있다(논쟁에 이기기, 자기가 더 많이 알고 더 잘하며 더 훌륭하다는 것을 보여주기). 비난은 화를 내면서 공격하는 형태나 은밀한 비방, 냉소 등의 형태로 확대된다. 감상성은 민감함, 상냥한 순종, 훌쩍거림 등의 형태로 확대된다. 죄의식은 소심함, 꼼꼼함, 시치미 떼기 등의 형태로 확대된다.

부적절한 동기에 의해서 일어나는 모든 반응은 최종적으로 공격과 도망으로 요약되는 두 가지 양가적 태도로 귀착된다. 이 두 태도는 신경증적 성격인 복수의 욕구와 토라짐의 주된 특징이다.

토라짐은 자존심 상하는 일을 더는 겪지 않기 위해서 자극적인 접촉을 차단하려는 시도다. 그리고 불쾌한 현실을 피해서 상상 속으로 도망가는 것이다. 아이는 토라져서, 고통의 두 원인인 존중받지 못한 실망감과 유희의 금지로부터 자기를 방어하는 상상을 계속 되풀이한다. 아이는 한편으로는 부적절한 정당화의 궤도를 돌면서 원망을 키우고, 또 한편으로는 즐겁거나 영웅적인 모험을 펼치는 백일몽에 빠져서 자신의 욕구들을 고양시킨다. 그러나 여기서 유념할 사실은, 두 번째 형태의 토라짐은 아이가 가정에 완전히 몰두하는 이 연령대에서는 아직 나타나지 않는다는 점이다. 따라서 자신의 무력함에 대한 아이의 분노는 그만큼 더 클 수밖에 없다. 아이는 자신의 분노를 부모에게 직접적으로 드러내지 못한다. 그래서 처벌이 불가능한 은밀한 반항의 형태로 분노를 표현한다.

토라짐은 현실을 상상 속에서 불쾌하게 만들 수 있는 가장 확실한 방법이다. 복수는 도발적인 말로 현실을 실제로 불쾌하게 만들어버릴 수 있는 가장 확실한 방법이다. 두 태도는 서로를 보완하면서 유년기부터 상상과 현실을 대비시킨다. 상상과 현실의 대비는 (아이가 성인이 돼서 가정을 떠나 사람들과 부딪힐 때)

갖가지 합병증과 고통을 동반하는 신경증의 원인이 될 수 있다.

정신적으로 왜곡된 아이에게서 토라짐과 복수는 번갈아 나타난다. 그러나 결국에는 한쪽이 우세해진다. 두 태도는 잘못된 방향으로 나아간다. 그래서 두 유형의 왜곡된 아이, 즉 무기력한 아이와 반항적인 아이를 만들어낸다.

학령기[7]

이렇게 왜곡된 아이는 부적절한 교육에 노출된 채 학령기에 이른다. 이제 과제와 교사와 친구들로 이루어진 새로운 상황이 아이를 기다리고 있다.

정상적으로 발달한 아이도 부모와는 다른 식으로 과제를 이해한다.

부모에게 있어서 과제는 미래에 대한 준비다. 신경

---

7) 학령기는 일반적으로 초등 교육을 받을 의무가 발생하는 시기를 가리키며 대체로 만 여섯 살에서 열두 살에 해당한다. – 역자 주

증이 있는 부모는 자기가 이루지 못한 야망의 관점에서 과제를 바라본다. 그리고 야망에 대한 결핍이 심할수록 아이에게 과제를 더 완벽하게 수행할 것을 강요한다. 그들은 죄의식 때문에 아이에게 자기가 이루지 못한 이상이나 야망을 실현하라고 요구한다. 그리고 허영심 때문에 자기 아이가 다른 모든 아이들보다 지능과 행동에서 뛰어나기를 원한다. 그러나 불행하게도 그들의 아이는 자기중심성에 머물러 있어서 그 벅찬 과제를 수행할 능력이 없다. 부모의 실망은 자신의 교육적 결함이 초래한 결과다. 학교에 갓 입학한 어린 학생에게 과제는 자기가 좋아하는 자연스러운 활동인 놀이를 부분적으로 포기하게 만드는 것일 뿐이다. 과제는 존중을 받기 위한 수단으로 변해서 아이는 과제를 완수한 보상으로 부모에게 애정을 받는다. 유희에 대한 추구가 고양된, 신경증이 있는 아이는 잠재의식적 술책의 일환으로 과제를 거부함으로써 부모에게 확실하게 복수를 한다.

이러한 상황은 다양하게 변주된다. 성격적으로 왜

곡됐지만 지능이 높아서, 학교에서 노골적으로든 무기력하게든 반항적인 행동을 해도 뚜렷하게 문제를 일으키지 않는 아이들도 있는데, 적어도 발달을 방해할 정도의 문제가 아니라면 그럴 수 있다. 또 어떤 아이들은 처벌이 무서워서 반항을 못하고 학교에서 시키는 대로 따른다. 이런 순종적인 태도는 존중으로 이어지는 경우가 많아서, 부모에게 반항하는 형제자매를 이기기 위한 무기로 쓰이기도 한다. 한 아이의 반항이 다른 아이의 순종적 태도를 고양시키는 현상은 흔히 볼 수 있는데 여기에 대해서는 알프레드 아들러도 이미 다룬 적이 있다.

순종적인 아이의 경우에 과제는 강박이 되고 유희의 욕망은 억압된다. 억압된 이 욕망들은 훗날 파괴적인 감정 폭발로 이어질 가능성이 있다. 그러나 평생 억압될 수도 있다. 이럴 경우 욕망들은 잠재의식 속에 가라앉아 있다가 자신과 달리 이것들을 회피하지 않고 잘 실현하는 사람들을 보면 표면으로 올라와, 위선적인 태도로 또는 신랄한 태도로 그들을 무시하고 경멸하게 만든다.

극도로 순종적인 아이들은 상담을 받으러 오지 않는다. 부모들은 이런 아이에 대해서는 불평하지 않는다. 우리가 유일하게 확인할 수 있는 사실은, 그들이 반항적인 형제자매에게 간접적이지만 종종 대단히 해로운 영향을 끼친다는 점이다. 이와 반대로, 과거에 극도로 순종적이었던 부모들은 상담을 받으러 온다. 그들은 아이를 견딜 수 없어한다. 아이에 대한 이런 태도는 자신의 망가진 유년기에 대한 일종의 복수라고 할 수 있다. 그들은 아이에게 과거에 자기가 그랬던 것보다 훨씬 더 완벽하게 순종할 것을 요구한다. 그리고 자기 어릴 때를 예로 들면서 끊임없이 과제를 강조한다. 그들의 처벌은 잔혹할 정도다. 하지만 그들에게 돌아오는 것은 아이의 노골적인 반항이다. 반항은 가출이나 범죄 또는 무기력증으로 발전될 수 있다. 무기력증이 심해지면 결정적인 가출, 즉 자살로 이어질 가능성이 있는데 다행히 그런 경우는 드물다.

일반적으로 학령기 초의 아이들은 아직 어려서 과

제의 의미를 정확히 이해하지는 못한다. 지적 능력이 발달하고 의식적 자아가 형성되는 시기인 만 일곱 살에서 열네 살이 되어야 비로소 아이는 과제가 다소간 시간이 들고 자제력이 필요한 일이라는 사실을 터득하게 된다. 놀고 싶은 욕구가 고양돼 있는 왜곡된 아이에게 과제는 의식이 개화된 이후에도 여전히 받아들이기 힘들다. 게다가 이 연령대에는 정신의 형성과 왜곡과 관련해서 매우 중요한 분리가 새롭게 이루어지기 때문에 과제에 대한 요구는 그만큼 더 받아들이기 힘들다. 아이는 가족에게 쏟았던 애정의 일부를 이제 친구들에게 쏟으면서 집단 놀이와 우정을 모색하기 시작한다. 신경증이 있는 부모는 이런 식으로 애정이 분리되는 것을 막는 경우가 많고 아이는 이 때문에 고집을 부리게 된다.

아이는 이제 막 발달하기 시작한 자신의 지적 능력을 스스로를 통제하는 데 쓰기보다 반항하는 데 쓴다. 신경증이 있는 아이는 애정이 분리되려는 성향이 과도해져서, 반항적으로 변한 자기의 지적 능력을 이용해

부모와 형제자매와 부딪힌다. 아이의 지적 능력은 학업 성취에 쓰이기보다 부모나 부모의 요구를 폄하하는 데 쓰이면서 무디어진다. 이 연령의 아이들은 속임수와 궤변으로 자기를 부적절하게 합리화하는 경향을 보인다.

부적절한 동기 형성은 소재가 분명하고 풍부해지면서 더 확장된다. 불행한 일이지만, 부모의 애정을 받지 못한 아이는 친구들로부터도 존중받지 못하는 경우가 많다. 이것은 심한 혼란을 일으키는 새로운 원인이 된다.

무기력한 아이

무기력한 아이는 자폐[8] 속으로 숨는다. 그래서 조금만 화가 나도 친구들로부터 떨어져 나온다. 아이는 친구가 자기한테 저지른 잘못을 뉘우치기를 바라면서

---

8) 폴 디엘은 오늘날의 소아자폐증이아니라, 말하기를 거부하는 자폐 상태의 의미로 이 용어를 사용하고 있다.

말을 걸어도 대답을 하지 않는 것으로 복수를 한다. 하지만 모욕당한 허영심·고양된 비난·과도한 감상이 뒤섞인 이 술책은 착오며 새로운 도발일 뿐이다. 친구를 경멸하는 태도를 취한 것은 단지 우정을 바랐기 때문인데, 경멸이라는 '벌'을 받은 친구는 이런 예민하고 감상적인 태도를 비웃으며 똑같이 멸시를 하는 것으로써 대응한다. 기세가 등등해진 친구들은 서로 합세해서 토라진 아이를 놀이에서 배제시킨다. 부적절한 술책이 불러온 극도의 모욕에 방어할 수 있는 방법은 하나밖에 없다. 자기는 소외당한 게 아니라 스스로 소외를 원했다고 믿는 것이다. 이 불행한 아이는 자기가 집단 놀이를 좋아하지 않는다는 것을 스스로에게 입증해 보인다. 그리고 충족되지 못해서 더 고양된 은밀한 욕망에도 불구하고 결국에는 이것을 믿게 된다. 말하자면 부적절한 동기로 자기한테 벌을 준 셈이다. 이제 놀이는 외부의 금지가 아니라 내부의 금지인 억압에 의해서 박탈당한다. 유일한 출구는 혼자 노는 유아적 놀이로 퇴행하는 것 그리고 상상 속으로의 도피밖에 없다. 이 도피는 고양된 원망과 유년기의 상상 놀이로 이루어진다. 아이는 원망 때문에 다른 사람들도 비난하지만, 억압적이고 죄책감을 느끼게 하는 자기 처벌 때문에 자신도 약간은 비난한다. 집단 놀이에 끼고 싶지만 이제 낄 수 없게 됐으니까 말이다. 아이는 노는 연습을 충분히 하지 못해서 놀이에 서투르고 무능하며 이 때문에 웃음거리가 된다. 아이는 놀림을 받을까봐 두려워서 친구들의 놀이는 우스꽝스럽고 바보 같다고, 자기의 내면생활과 상상력은 놀라울 정도로 풍부하다고 생각한다. 아이는 그렇게 상상 속에서 때로는 부당하게 고통을 당하는 무고한 희생자가 되기도 하고 때로는 놀라운 모험을 벌이며 적들을 물리쳐서 감탄과 존경을 불러일으키는 영웅이 되기도 한다.

반항적인 아이

노골적으로 반항하는 아이의 운명은 전혀 다르다. 아이는 친구들로부터 도망가기는커녕 감정을 폭발시키면서 그들에게 피해를 준다. 그리고 다른 사람들한테 휘둘리지 않으려고 하고 조금만 모욕을 당해도 공격적으로 대응한다. 아이는 자신의 용기와 힘을 과시하는 것으로써 허영심을 채운다. 집단 놀이를 할 때면 지나치게 흥분하고 폭력적으로 변한다. 아이는 자신을 돌아볼 줄 모른다. 반항적인 아이도 위축되지만 자기를 고립시키지는 않는다. 교실이나 거리에서 자기와 비슷한 행실 나쁜 아이들을 찾는 것이다. 이런 아이는 학교에서 다른 아이들에게 공포감을 주기 때문에 교사들로부터 미움을 받는다. 무리를 짓고 그 안에서 범죄의 정도에 따라 상대를 존중하는 이런 성향은 범죄성의 특징이다. 노골적인 반항에서 범죄까지 가는 길은 멀다. 그러나 범죄성의 일부 특징들은 이때부터 나타날 가능성이 있다. 이를테면 도벽. 왜곡된 성격의 특징들이 모두 그렇듯이 도벽에는 두 가지 의미가 있는데, 유희에 대한 과도한 추구와 존중에 대한 과도한 추구다. 아이는 친구들한테 존중을 받고 싶어서 자기를 근사하게 치장하거나 선물을 준다. 탐나는 물건이 있으면 유혹을 참지 못하고 가지려고 덤빈다. 원하는 물건 또는 그 물건을 살 수 있는 돈은 거부당한 존중과 애정에 대한 상징적인 등가물이라고 할 수 있다(가장 상징적인 행동이 바로 도벽이다).

익살꾼

성과가 아니라 반항을 통해서 존중을 받아내려고 하는 이 같은 경우에서 가장 흔하게 시도되는 유치하고 부적절한 술책은 익살이다. 익살에는 두 가지 의미가 내포돼 있다. 하나는 수업을 오락으로 바꾸려고 하는 것이고, 다른 하나는 교사에게 도전하는 모습을 보여줌으로써 아이들에게 존중을 받으려는 것이다. 이 놀이는 오락도 되고 원한도 발산할 수 있기 때문에 대단히 유혹적이다. 그러나 이것은 상상 속에서나 재미있지, 현실이 되어서는 곤란하다는 사실을 대부분의 아이들은 확실하게 알고 있다.

반항적인 아이는 끓어오르는 적개심과 아이들의 은

밀한 공모에 힘입어, 자기에게는 그들의 비밀스런 의도를 실행에 옮길 의무가 있다는 교만한 생각을 품는다. 아이들은 안전하게 즐기고 싶은 마음에서 어릿광대짓을 부추긴다. 교사가 말썽을 피우는 아이에게로 주의를 돌리게 하려고 장난을 치는 것이다. 때로 교사는 모르는 척 하기도 한다. 말썽을 핀 아이를 벌주는 모습은 아이들에게 또 하나의 오락이 되기 때문이다. 규율을 지키기 위해서 교사는 교칙을 위반한 학생을 제압하고 본보기로 벌을 줄 수밖에 없다. 학교에서 벌은 정당화되지만, 우발적으로 교칙을 위반한 경우에는 부당할 수도 있다. 아이는 자기가 벌을 받았다는 사실을 진심으로 부당하게 느끼고 그래서 아이의 반항과 어릿광대짓은 더 심해진다. 아이는 벌로서 방과 후에 교실에 남거나 추가 과제를 받는데, 이 벌은 그렇지 않아도 놀 시간이 부족한 아이에게 시간을 더 뺏어간다. 게다가 교사의 벌에 더해서 부모까지 벌을 줌으로써 아이는 그나마 남은 시간마저 뺏긴다. 교사와 부모의 벌은 부당한 금지와 심화되는 반항의 악순환만 강화시킬 가능성이 높다(수업 시간에 상상적·현실적으로 놀이의 욕구를 분출시키지만 아무 성과도 거두지 못한다는 사실이 아이의 반항을 심화시킨다). 이렇게 해서 복잡하고 병적인 상황 속에서 아이와 교육자(부모와 교사) 사이에는 해로운 회로가 만들어진다. 아이만 죄인 취급을 받으며 시달린다. 원치 않는 결과를 막으려고 시작했던 일이 오히려 그런 결과를 불러오는 원인이 되는 상황이 연쇄적으로 이어질 때, 부모·교사·아이에게 형성된 부적절한 동기들의 책임 소재를 밝히기란 당연히 어렵다. 교육자들도 이 문제를 해결하기 어려운데, 어른들은 모두 자기의 적이라고 생각하게 된 아이에게 이것이 쉬울까? 더구나 아이가 조금만 저항해도 고통스러운 벌과 비난이 가해지고, 아이 쪽에서만이 상황을 바꾸기 위해서 노력을 해야 한다. 비난에 대해서도 아이는 감상적인 죄의식을 느끼며 소심한 태도로 방어할 수밖에 없는데, 노골적으로 반항하는 아이들조차 결국에는 이런 태도를 보인다. 교사의 잘못과 관련해서는, 악순환을 끊어낼 수 있는 시도로서 새로운 학교[9]를 고려해볼 만하다.

부적절한 동기 형성에서 기인된 지적 결함

무기력한 반항과 노골적인 반항은 아이에게 성격의 왜곡과 함께 지적인 결함도 불러온다. 정신 구조 속으로 침입한 원망의 폭발적 정동성은 사고의 건강한 발달을 방해하며, 기분 전환을 위해서 상상 속으로 도피하는 백일몽도 사정은 마찬가지다. 원망이든 백일몽이든, 상상이 지속적으로 고양되면 정신이 흐려지고 멍한 상태가 되면서 주의를 집중할 수 없게 된다. 그 여파로 기억력과 집중력에도 결함이 생기지만, 집중하려는 노력 자체를 싫어하게 되는데 과제를 하려면 바로 이 노력이 필요하다. 과제를 등한시하게 되는 것은

---

9) 프랑스에서 1947년에 랑주뱅-발롱의 주도로 입안된 교육개혁안. 의무교육의 확산·적성과 능력에 적합한 교육 지도 과정 설치·학교 조직 개혁·교사 양성과 교육 과정 개혁·민주적인 인간 교육 실시 등 진보적이고 민주적인 성격으로 다른 나라에 많은 영향을 끼쳤으나 정작 프랑스에서는 전면적으로 받아들여지지 않았다.

잠재된 감정적 반항 때문이기도 하지만 지적인 결함에도 원인이 있으며, 이것이 기능적인 면에서 끼치는 영향은 감정적 반항 못지않게 구체적이다. 악순환 속에서 상황은 점점 나빠진다. 중첩된 결함은 극도로 힘겨워진 과제에 대한 불안을 불러오고, 교사의 지적에 대한 불안이 여기에 더해진다. 백일몽으로부터 자신을 끌어내 과제를 떠안기는 교사의 성마른 목소리는 정신적 외상을 입힐 정도로 두렵다. 이 모든 불안 위에 훨씬 더 고통스러운 예기 불안·지적 불능에 대한 두려움·다른 아이들의 성공에 대한 질투·상처 입은 허영심까지 얹히면서 정신적 왜곡은 더욱 심해진다. 과제에 대한 불안은 아이를 고문한다. 과제라는 말만 들어도 아이는 격심한 불안에 사로잡히는데, 과제를 하지 않았다거나 못했다는 지적도 계속 듣게 돼 불안은 종일 이 어린 학생을 공격한다.

거짓 보상을 하는 고양된 과업

과제에 대한 불안이 고양되고 이것과 연계해 과제에 대한 경멸이 심해질수록, 한편에서는 과제를 능가하는 보상을 통해서 결함을 은폐하려는 욕망이 고양된다. 추가적 과업은 사춘기 즈음부터 나타나기 시작하며 이것을 중심으로 신경증의 모든 합병증들이 만들어진다. 고양된 과업은 아직 막연하고 목표도 명확하지 않다. 다양한 계획을 상상하지만 아직은 고정돼 있지 않고 자꾸 바뀐다. 특별한 일을 성취해서 사람들로부터 억지로 칭찬을 끌어내려는 이 성향은 잠재의식적으로 용기를 고양시키고 신경을 과민하게 만드는데, 고양된 용기는 노골적인 반항으로 나타나고 과민증은 무기력한 반항으로 나타난다. 구체적으로 보자면, 특별한 일을 성취하려는 생각은 장래의 직업 선택을 통해서 표현되는데 선택되는 직업들이 비현실적이고 피상적이다. 이를테면 탐험가나 비행사처럼 유희·존중·모험·영광을 기대할 수 있는 직업에만 관심이 쏠리고, 조직폭력배에 관심을 갖는 경우도 종종 있다. 과민하고 무기력한 아이들은 예술과 관련된 직업을 희망하면서 다른 직업들은 얕보는 경향이 있는데 그 바탕에는 현실적인 일에 대한 큰 불안감과 신비주의적 동경이 깔려있다. 이런 모든 비현실적인 생각들은 그들이 실제로 가진 재능과 적성을 가리고, 고양된 허영심 때문에 그것들이 발휘되는 것을 방해할 위험이 있다는 점은 반드시 짚고 넘어야가 할 부분이다.

정신 병리학이 청소년과 성인에게 왜곡을 일으키는 숨은 원인을 이해하고자 한다면, 고양된 과업의 점진적 형성 과정을 밝히는 일은 중요한 연구 주제다. 신경증이 있는 사람은 고양된 과업을 통해서 유년기와 청소년기의 고통을 극복하려고 하기 때문이다. 추가적 과업 또는 그것에 대한 고양된 허영심은 의식의 영역 밖에 있다. 이 과업은 부적절한 동기 형성을 잠재의식 속에 확실하게 고착시키는데, 그 과정에 대해서는 앞으로 연구해볼 필요가 있다.

아들러의 개인 심리학은 여기에 과잉 보상 개념을

도입한다. 그러나 과잉 보상은 자극제로서의 역할만 하는 기질적 결함[10]뿐만 아니라 정신적 결함과도 관련이 있다. 다시 말해서 이것은 정신을 왜곡시키는 본질적 원인인 부적절한 동기 형성에 포함된다. 한마디로, 과잉 보상은 죄책감에 대한 교만한 과잉 보상이다.

프로이트의 정신 분석학은 엄격한 초자아의 개념을 이용해서 고양된 과업을 분석한다. 성적인 해석은 의식적 자아의 형성 시기가 사춘기(만 13세에서 17세)까지 이어진다는 사실 때문에 편리한 면이 있다. 정신 분석학에 따르면 사춘기는 성기기(性器期)에 해당한다. 의식적 자아가 충분히 형성되지 못했을 경우, 본질적으로 생리적 현상인 이 사춘기는 정신 발달에 막대한 영향을 끼칠 수 있다. 그러나 사춘기의 영향은 의식적 자아의 왜곡 원인인 부적절한 동기 형성을 통해서만 유효하다. 또한 사춘기의 성은 절대적 욕구라

---

10) 아들러는 '기관열등성' 이론을 주장했다. 그에 따르면, 사람은 타고난 기질적 불완전성 때문에 생기는 열등감을 극복하고 보상하기 위해 노력하는데 여기에 실패하면 신경증에 걸린다. – 역자 주

기보다는 상상을 통해 고양된 것으로서, 억제된 죄의식과 자극적 허영심이 과도하게 동반되는 새로운 욕망들을 불러일으키며, 이 욕망들은 부적절한 정당화를 필연적으로 초래한다. 성은 사춘기에 발달을 시작하면서, 유년기부터 쌓여온 원망·감상적 갈망·유희의 욕구·불충분한 애정의 욕구를 정당화의 소재로 사용한다. 사춘기의 성과 관련해서 이 유아적 욕구들은 모든 욕동으로부터 기인하는 욕망들을 고양하고 정당화시키는 요인이자 부적절한 동기들을 촉발하는 강력한 원인이다.

일차적 죄의식과 본질적 죄의식

지금까지 자아의 발달과 퇴화에 관한 연구는 만 13세에서 17세 사이의 시기까지로 한정돼 왔다. 이 시기는 생리적으로는 사춘기로 분류되지만 심리학적으로 보자면 모든 구속으로부터 해방되고자 하는 욕구가 증가하는 때다. 과거에 구속이 강했고 애정의 거부가 심했을수록 (주어진 애정도 틀림없이 포기에 대한 대가였을 테지만) 해방의 욕구는 더 고양된다.

사실상 해방의 욕구는 본질적으로 정신 내부의 현상이다. 진짜 구속은 내면에 있다. 그것은 바로 억제된 죄의식으로서, 허영심의 고양은 이것과 연결돼 있다. 부모의 금지는 고양-억제라는 이 내적 과정을 작동시키는 조건일 뿐이다.

부모가 성을 금지하고 그래서 부모를 의심하는 과정에서 생기는 감정적·일차적 죄의식은 자신의 불완전성에 대한 본질적 죄의식으로 바뀌는데, 본질적 죄의식이 끼치는 영향력은 감정적·일차적 죄의식과는 완전히 다르다. 지금까지 외부 세계에서만 추구됐던 만족감(애정·놀이·과제)은 이 시기가 되면 자율성에 대한 느낌, 다시 말해서 자존감에 대한 욕망으로 바뀐다. 자존감의 욕망은 내적으로 여러 욕망들이 조화를 이룰 때 만족된다. 본질적 죄의식에 대한 느낌은 이 만족감이 완전히 상실돼서 욕구들의 내적 조화가 깨지려고 할 때 이 사실을 경고해준다. 이때 진가를 발휘하는 것이 바로 '초의식(超意識)'이라고 불리는 새로운 심역(心域)이다.[11] 이 심역은 삶이 지향하는 쪽을 향하고 있어서 삶의 방향을 거스르는 모든 것들을 본질적 죄의식의 느낌을 통해서 예고해준다. 따라서 초의식은 의식의 심역보다 더 높다(삶의 방향은 바로 조화로운 기쁨일 것이다. 이 기쁨은 생명에 필수적인 만족감이다). 하지만 초의식은 삶의 방향을 의식 차원에서 아는 것은 아니다. 이것을 의식 차원에서 아는 것은 초자아, 즉 양심이다.

진정한 해방과 거짓 해방

사춘기부터 나타나는 해방의 욕구는 이제 자아 발달의 새로운 단계인 청소년기로 진입한다. 청소년기는 아동기를 거쳐서 성숙기까지 이어지는 시기다.

이 단계를 건강하게 보내면, 스스로 잘 조화돼 있어

---

11) 폴 디엘은 의식의 가장 높은 차원을 초의식으로 간주하고 초자아는 초의식보다 낮은 심역에 속하는 것으로 보았다. – 역자 주

서 반항이나 강제적 순종으로부터 자유로운 독창적이고 독립적인 자아가 형성된다. 청소년기는 이상을 향해 열려 있고 삶이 지향하는 방향을 모색한다는 특징이 있다. 자아가 이상에 몰두함으로써 자신에게 자발적으로 이상을 강제하는 이 새로운 형태의 분리는 부모-교육자와 청소년 사이의 적절하고 최종적인 분리의 욕구와 잘 부합한다. (부모가 아이의 육체뿐만 아니라 영혼과 정신까지 창조해내는 임무를 건강하게 실행해 왔다면 지금까지 교육적이었던 이 관계는 이제 사랑과 상호 존중이라는 더 발전된 관계로 발전된다.)

청소년기의 위기는 해방의 욕구가 잠재의식적 왜곡 때문에 초의식적 승화의 형태(욕망들의 조화)로 표출되지 못하고 고양되는 경우에만 발생한다.

통속화와 신경증

부적절한 해방은 두 가지 해로운 형태를 취할 수 있다. 한 형태는 욕망을 고양시키고 분출하는 것을 통해서 해방을 추구하고 이와 함께 죄의식의 느낌도 점진적으로 상실하는 경우다(통속화). 다른 한 형태는 이와 반대로 본질적 죄의식이 고양되는 쪽으로 나아간다(신경증). 그래서 통속적인 타락 대신 상승과 추락이 교대로 나타난다. 때로는 고양된 욕망들이 죄의식을 억압하고 때로는 고양된 죄의식이 욕망을 억압하는 것이다. 고양됐으나 죄의식을 느끼게 만드는 이 욕망들은 부적절한 정당화를 악화시키고, 그 결과 정신적 왜곡이 점점 심해져서 신경증과 그에 따른 온갖 합병증으로 이어진다.

청소년기에 위기(통속화와 신경증)가 오면 부적절한 방법으로 해방을 시도하게 되는데 이것은 아동기의 왜곡(노골적 반항이나 무기력한 도피가 특징)이 시간이 흐른 뒤에 나타나는 지연적 증상이다. 아동기의 왜곡 형태들과 마찬가지로 이 두 형태도 매우 다양한 방식으로 결합될 수 있다. 삶의 발전 방향에 있어서 이것들은 두 가지 부적절한 행동을 만들어 내기 때문에 극도로 나쁜 영향을 끼칠 우려가 있는데, 하나는 발전적 이상을 향한 신경증적 고양(고양된 과제)이고 다른 하나는 모든 발전적 지향을 포기하는 통속적 고양이다. 고양된 과제는 일반적으로 상상 속에만 머물러 있고 개인 내부에서만 파괴적인 갈등을 일으키는 반면, 통속적 고양은 다양한 실천을 통해서 외부로 드러난다. 그리고 고양된 욕망을 만족시킬 수 있는 방법을 놓고 사람들과 서로 다툼을 벌이면서 외적인 갈등을 일으키는데 이런 식의 갈등은 사회생활을 파괴할 수도 있다.[12)]

신경증과 통속화는 청소년기 전체를 위태롭게 할 뿐만 아니라 복잡한 증후군들을 일으킨다. 생리적 성숙은 영양 섭취·번식·발달이라고 하는 세 기본 욕동과 관련이 있다. 청소년기가 되면 이 세 욕동은 그 나름의 특별한 활동들을 전개시키는데, 이 활동들은 각 욕

---

12) 다른 글에서 폴 디엘은 사회적·정치적 현실에서 이 두 형태는 서로 대립되는 동시에 결합하는 경향이 있다고 설명했다. 다시 말해서 모순적인 동기들이 서로 뒤얽히는 것이다. 예를 들자면, 종교 재판과 관념적 맹신(맹목적 이상주의)은 통속적인 방법으로 잔인하게 사람들을 지배하고자 하는 동기들(냉소주의)과 섞여있다.

동으로부터 나오는 욕망들에 의해서 유지되며 지적인 계획들을 통해 즉각적 만족과 미래의 만족을 추구한다. 그런데 청소년기의 위기는 물리적(영양 섭취의 확장)·성적(번식)·이상적(발달) 차원의 이 계획들이 모두 왜곡된다는 특징이 있다. 부적절한 가치 부여와 아동기의 부적절한 동기 형성 때문에 계획이 실행 과정에서 억제되거나 고양되는 것이다.

사회적 부적응

청소년은 직장이라고 하는 물리적 토대를 마련해야 하는 과제에 직면해 있다. 하지만 왜곡된 청소년은 이 과제를 사회에 들어가 다른 사람들과 같이 열심히 일을 하는 것으로 해석하지 않는다. 그에게 중요한 것은 자신의 고양된 욕구를 만족시키는 것이다. 돈은 유희와 과대평가에 대한 약속을 의미한다. 돈에 대한 지나친 추구는 통속화 성향을 강화시킨다. 과거에는 무기력했고 이제는 과민해져서 신경증에 걸린 청소년의 경우에는 상황이 다른 식으로 어려워진다. 이 경우는 일반적으로 돈과 물질적 재산을 노골적으로 경멸한다. 그의 물질적 욕망도 고양돼 있기는 하지만 상상 속에 머물러 있다. 이 욕망은 잠재의식적·강박적 원망·분노를 강화시키면서 은밀하고 억압된 질투의 형태로 표출된다.

유념해야 할 사실은, 신경증이 있는 사람들은 절제력의 부재와 지적인 무력감 때문에 학업에 실패하는 경우가 많다는 점이다. 그 때문에 하급직밖에는 일자리를 구할 수 없어서 지능이 높은 사람일수록 자신을 더 낙오자로 느끼게 된다. 또한 그들은 불만이 많아서 정서가 불안하고 한 직장에 오래 머무르지 못한다. 외부에서 억지로 안정을 시킨다고 해도 정신적 불안정은 점점 심해진다. 그들의 사회적 관계 저변에 깔려있는 부적절한 동기들은 그들을 소심하거나 공격적으로 만든다.

성적(性的) 부적응

병적으로 고양돼 있지 않은 경우에 생리적 성은 청소년기부터 시작돼 배우자를 선택할 수 있는 능력을 갖출 때 완성된다. 성을 유희와 모험의 수단으로만 여긴다면 이 능력은 완성되지 못할 위험이 있다. 이와 반대로 정신적 관계를 고양시키는 성향도 많이 나타난다. 이때의 사랑은 충족되지 못한 애정의 욕구를 만족시키기 위한 것이다. 그동안 쌓인 감상성이 이 새로운 형태의 희로애락 속으로 흘러드는데 이 안에는 애정과 존중을 찾고자 하는 무한한 희망이 숨어있다. 감성성과 더불어서, 부적절한 동기들에 의해서 형성된 다른 모든 성향들도 이 안으로 흘러든다. 감상적 사랑은 두 연인의 허영일 뿐이다. 과거의 모든 욕구 불만이 서로에 대한 과대평가 속에서 다시 그 흔적을 드러낸다. 이들은 상상 속 환희의 섬에 숨어서 서로에게 감탄하며 허영심에 부풀어 섬 밖의 다른 사람들을 헐뜯는다. 하지만 얼마 지나지 않아서 그들은 섬에 갇힌 죄수가 되고 만다. 함께 지내면서 생기는 불가피한 마찰은 각자가 상상했던 상대의 미화된 모습을 곧바로 허문다. 유년기부터 고양되어온 부적절한 자기 정당화의 성향들이 상대와 충돌하면서 두 사람은 서로에게 극도로 실망한다.

정신적 부적응

그러나 무엇보다도 청소년기의 특징은 삶이 지향하는 방향을 향한 약동, 다시 말해서 고양된 이상주의다. 이 일시적 고양은 병적인 것이 아니라 생물학적으로 근거가 있는 것으로서 보통은 청소년기의 위기 이후에 가라앉는다. 그런데 이 발전적 지향이 그것의 고양적 특성은 사라지면서 그대로 유지되는 사람들도 있다. 이들이 그 상태로 잘 성장한다면 발전적 지향은 삶의 현실적 여건과 개인의 현실적 능력에 조화를 이루게 된다. 모든 문화적 가치들은 청소년기의 생물학적 고양에서부터 만들어지는 것이다.

고양된 과업과 그것이 초래하는 결과들

유년기부터 왜곡된 경우에는 고양이 그 기저에 부적절한 동기들이 형성된 상태로 청소년기 이후까지 이어지기 때문에 상당히 위험하다. 이제 생물학적이고 자연스러운 고양은 병적인 고양으로 변한다. 병적으로 고양돼 있는 청소년은 편협한 세상의 요구에 반항한다. 과거에 부모를 향해서 느꼈던 사랑-증오는 한편으로는 부모 세대의 어른들을 향한 증오로 바뀌고 다른 한편으로는 이상 세계를 향해 고양된 사랑으로 바뀌는데, 후자는 유년기부터 고통의 근원이었던 이 세상을 개선하려는 욕구다. 고양된 이 과업은 고통의 두 원인(어른들과 세상)을 극복하고 싶다는 희망이 집중된 까닭에 강박적이 된다. 상상 속에서는 자신이 모든 사람들을 능가해서 최고로 존경받는 사람이 될 수 있다. 영광에 대한 상상은 존중의 욕구뿐만 아니라 애정과 유희의 욕구들까지 만족시킬 수 있기 때문에 매우 유혹적이다. 미래의 영광은 사랑과 돈에 대한 희망도 만족시켜준다. 백일몽이 유희 쪽으로 방향을 틀기 때문에 고양된 과업의 방향도 틀어진다. 사람에 따라서는 세상을 개선하고 싶다는 꿈(자신을 개선하고 싶은 무한한 욕구가 교만하게 변형된 것) 대신에 부차적 과업들이 나타나기도 하는데, 이것들은 다른 사람들로부터 주목을 받을 수만 있다면 긍정적인 의미에서든 부정적인 의미에서든 어떤 일과도 연결될 수 있다. 허영심을 만족시켜주는 심상들을 가지고 한가롭게 즐기는 것과 비교해서 과업의 미래는 불확실하다. 그래서 과업을 실천에 옮기는 일은 점차 뒷자리로 밀려난다. 이렇게 상상 속에서 만족을 찾는 것은 극도로 위험하다. 이것은 현실에 대한 불만족과 탐욕만 고양시키고, 고양된 욕망들을 떳떳치 못한 불안감으로 바꾸며, 은밀한 허영심을 뚜렷한 죄의식으로 전환시키기 때문이다. 교만한 열망에 비해서 현실적 결함들이 드러나는 빈도는 점점 잦아져서 자칫하면 정신적 외상으로까지 이어질 수도 있다. 너무나 고통스럽지만 밖으로 드러내지 못하고 매번 억압된 고양된 죄의식이 이 결함들을 무겁게 짓누르고 있기 때문이다. 죄의식은 점점 억압되고 잠재의식적으로 왜곡되면서 상징적으로 표현되다가 결국에는 신경증의 합병증과 정신 질환으로 이어진다.

고양된 과업의 사례 연구

지금부터 한 청소년에게서 나타난 부적절한 동기 형성의 술책과 고양된 과업을 외모와 관련된 사소한 행동을 통해서 설명해보려고 한다. 이 청소년은 부적절한 동기 형성이 완전히 이뤄져서 활성화된 경우다.

상황에 어울리지 않는 복장을 고집하는 젊은 여성(만 20세)이 있다. 이 여성의 병적인 (조리가 없는) 망상은 상상·말·근육 경직 등의 다양한 경로를 통해서 나타난다. 그리고 다른 사람들로부터 존중을 받으려고 터무니없는 계획을 세우고 사람들이 자기를 거부할지도 모른다는 의심과 예상을 하며 자기 방어를 하는 것으로 인생을 살아왔다(어머니는 권위적이고 아버지는 빈정거리는 버릇이 있다). 아직 뚜렷하지는 않지만 그녀는 옷차림에 무관심한 성향(경멸을 촉발시킬 수 있는 성향)이 있어서 최근에는 지인의 결혼식에 평상복 차림으로 참석하려고 했다(그녀는 우정에 대한 욕망이 강하지만 우정을 맺을 줄 몰라서 '친구'라고 말하기는 어렵다). 부모는 딸에게 억지로 결혼식에 어울리는 옷을 입혔고, 그녀는 자기 옷이 지나치게 우아해서 결혼식 하객들이 어떻게 생각할지 걱정하느라 결혼식 내내 신경이 곤두섰노라고 불평했다. 그녀는 사람들이 자기를 비웃으면서 쳐다본다고 느꼈다. 그리고 자기가 그들을 유혹하려 한다고 사람들이 쑥덕거린다는 느낌을 받았다.

이것은 그녀의 비상식적인 행동들 가운데 사소한 예에 불과하다. 그러나 복장과 사회적 규범에 대한 초기 단계의 이런 무관심은 그녀의 상태가 악화될 경우 정신 분열증으로 이어질 가능성이 있음을 예상케 한다(무관심의 기저에는 심한 망상이 깔려있으며 급성 무언증 같은 다른 차원의 부정적 증후군들에 의해서 무관심은 악화될 수 있다).

이 여성의 행동에 대한 다음의 분석은 세 욕동(물질적·성적·발전적)에서 기인하는 욕망·불안이 여기에 개입돼 있다는 것과, 존중받고자 하는 욕망과 존중받지 못할 것에 대한 불안을 중심으로 환자의 병적인 망상이 잠재의식적 술책을 만들어 내고 있다는 사실을 보여준다.

부적절한 동기 형성의 네 범주

죄의식

이 환자는 첫눈에 별로 똑똑해 보이지 않는 인상을 풍긴다(그러나 그녀는 고등학교를 졸업했고 대학 입학시험만 실패했다). 이 인상은 이런 환자에게서 전형적으로 나타나는 과도한 표정 때문인데 시선이 특히 그렇다. 그녀의 시선은 사람과 사물을 똑바로 응시하지 못하고 먼 곳을 향한다. 계속되는 백일몽으로 인한 습관적인 방심은 건망증까지 불러왔다. 그녀는 자기가 둔해보일지도 모른다는 걱정에서 한 발 더 나아가 실제로 둔해지고 있다고 느낀다. 그녀의 죄의식은 상상을 통해서 이 결함을 더 크게 부풀리고 그녀로 하여금 모욕감을 느끼게 만든다. 저 바보(그녀가 두려워하는 것)가 어떻게 다른 여자들이랑 경쟁해서 사람들의 환심을 살 수 있겠어? 여기에 더해서 그녀의 행동은 시종일관 경직돼 있고 그녀 자신도 이 점을 의식하고 있다. 지나치게 거만해 보이는 옷을 입고 결혼식에 가면 복장과 어색한 행동이 대비돼서 우스운 광경이 연출될지도 모른다는 느낌은 이 때문에 더 심해진다.

자만심

거만해 보일 수 있다는 불안감은 실제로 거만한 그녀의 모습과 양가 관계를 이루는 면이다. 그녀는 매우 거만해서 그것이 겉으로 드러날 정도다. 이 거만함은 물질적인 것, 관습, 몸치장, 옷과는 상관이 없다. 그녀의 거만함은 무뚝뚝하고 편협한 사람들로부터 무시당하는 심오한 감정이나 정신적 풍요로움에 매우 예민하다는 특징이 있다. 그녀의 발전적 지향은 퇴행과 상응관계를 이루면서 극도로 고양돼 있고, 그녀 눈에는 자기의 병조차도 우월성에 대한 증거처럼 보인다. 그녀는 자기가 세상에서 가장 훌륭해서 다른 사람들보다 감수성도 예민하고 관대하며 조잡하지 않고 심술궂지도 않다고 느낀다. 따라서 물질적인 욕구에 관심을 갖는 것은 자기답지 못한 짓이다. 옷은 남자들을 유혹하는 수단이기 때문에 더욱더 관심을 두면 안 되는 것이다. 그녀에게 있어서 옷은 성적인 무기며, 잠재의식 속에서 끓어오르고 있는 자신의 성욕을 상징하는 물건이다. 그녀의 성욕은 주눅이 들어버린 애정의 욕구 때문에 수치심으로 무겁게 짓눌리는데, 그녀 자신의 숭고한 열망에 의해서 금지당한 것들이 그 위를 더 무겁게 짓누르고 있다(그녀의 숭고한 열망은 순결과 친절에 과도하게 집중돼 있고, 필연적으로 죄의식을 강박적으로 고양시키는 원인으로 작용한다).

비난

그녀의 거만함은 의기양양하게 승리를 거둬보려는 시도다. 그렇게 해서 다른 사람들을 무능하게 만듦으로써 자기가 극도로 무능하다는 은밀한 느낌을 위엄으로 바꿔보려는 것이다. 그녀의 거만함 속에는 신랄함과 분노가 들어있다. 그녀는 유독 엄마를 비난한다. 그녀에게 있어서 엄마는 자신의 깊은 열망을 이해하지 못하고 물질적인 것만 사랑하는 (자기에게 쏟아야 할 사랑을 물질적인 것에 쏟는) 사람들을 상징하는 존재다. 엄마에게 맞서기 위해서 그녀의 열망은 생활필수품까지 경시할 정도로 고양돼 있다. 그녀는 엄마가 미적 감각이 없어서 형편없는 옷만 사준다고 생각한다. 권위적인 엄마는 그녀에게 그것들을 입으라고 강요하고, 빈정거리는 버릇이 있는 아빠는 딸을 바보같다고 말한다.

감상벽

그녀는 부모의 요구에 자기를 방어하지 않을 수 없는데, 이번 경우는 옷에 대한 요구였다. 그녀는 자기가 옷을 갈아 입고 있을 때 부모가 재미있다는 듯이 서로 쳐다봤고 아빠가 뒤돌아서서 몰래 웃었다고 생각한다. 그 때문에 부모가 자기에 대해서 음모를 꾸민다고 느끼는데, 그 순간의 쓰라린 감정 속에는 유년기의 아픈 기억들이 압축돼 있다. 이 느낌은 상상을 통해서 확대돼, 그녀는 온 세상 사람들이 자기에 대해서 음모를 꾸민다고 믿게 된다. 불안하게 예견했던 경멸의 표시와 권위적인 경고와 놀림이 사방에서 튀어나온다. 실제 결함들에 의해서 촉발됐고 신경과민에 의해서 상상으로 고양된 이 상황은 점점 더 견디기 힘들어지고 정신 구조의 왜곡은 계속 악화된다. 이제 환자가 도피할 곳은 무한한 자기 연민밖에 없다. 그녀는 기꺼이 자신의 고통 속으로 뛰어들어서 터무니없는 해석을 하며 일부러 고통을 키운다. 그리고 자기 연민 속에서 감상적 애정과 교만한 존중을 스스로에게 베풀어 주기 위해 병적이고 잘못된 비난들을 강박적으로 믿는다. 결혼식의 경우에는 엄마가 산 옷들이 미적으로 형편없는 것이어야 한다. 그렇지 않으면 엄마를 깎아내리면서 이길 수 있는 근거가 없어지기 때문이다. 바꿔 말해서 자기를 가련하게 여길 수 없게 되고, 자신의 어리석음이 또렷이 드러나기 때문이다.

지금까지 분석해본 사소하지만 대단히 의미심장한 이 여성의 행동은, 잠재의식 속에서 진정한 술책이 강박적으로 실행되고 있으며 그 맥락도 대단히 다양하다는 사실을 보여준다. 설명을 명확히 하려다 보니 너무 간략해진 면이 없지 않다. 그러나 아무리 복잡한 술책이라고 해도 어쨌든 그것의 모든 맥락은 애정과 존중에 대한 욕구를 중심으로 구성된다(치료하는 과정에서 이 행동을 분석했고, 환자는 자신의 부적절한 동기들에 관해서 상세한 설명을 듣고 난 뒤 그동안 입지 못했던 옷들을 순순히 그리고 마음 편히 입을 수 있게 됐다. 이 기회를 계기로 그 옷들이 자기한테 잘 어울리고 취향도 나쁘지 않다는 사실도 확인할 수 있었다!).

정신적 왜곡과 사회

신경증이 있는 사람은 고양된 과업 때문에 결국 주변 환경의 관례에 적응하지 못한다. 무기력하면서 반항적이고, 부루퉁하면서 복수심이 강하며, 무력하고, 유아적 자기중심성에서 벗어나지 못한 채 청소년기의 위기를 벗어난다. 위축된 그의 청소년기는 반드시 실현해내야 할 것들을 해낼 수 없었다. 이렇게 해서 그는 자신이 청소년기부터 혐오해온 그 사회의 기형적 구성원이 된다. 통속화된 신경증 환자는 남자든 여자든 만족스러운 가정을 이룰 수 없고, 그래서 자녀를 교육시키는 과정에서 자신의 부모가 저질렀던 잘못들을 똑같이 되풀이한다. 왜곡된 청소년에서 그대로 성인이 된 경우에는 아이의 필수적 욕구인 애정과 놀이의 욕구를 이해할 수 없어서, 정확히 말하자면 이 욕구들이 극도로 고조된 채 채워지지 않은 상태로 그의 내면에 살아있기 때문에, 더욱더 그렇게 될 가능성이 높다. 어린 시절에 경험했던 욕구 불만과 억제 때문에 그의 애정과 놀이의 욕구는 상상을 통해서만 고양과 억제의 형태로 충족될 수 있었다.

신경증이 있는 부모는 애정의 욕구가 억압돼 있고 그 결과 죄의식이 쾌락과 상상 놀이를 억누르고 있기 때문에 아이가 가진 애정의 모든 약동을 밀쳐낸다(또는 감상적으로 여기에 굴복한다). 그들은 아이가 가진 놀이의 모든 약동을 과도하게 금지해서, 자신의 젊음을 유린했던 고통을 아이에게도 겪게 만든다(교육이 하찮고 물질적인 일이며 고상한 과업을 실현하는 데 방해가 된다고 생각해서 교육에 무관심한 부모가 아니라면). 그리고 아이는 아이대로 부모에게, 그들이 어렸을 때 부모에게 줬던 고통과 똑같은 고통을 경험하도록 만든다. 이렇게 해서 정신적 왜곡은 세대에서 세대로 전달된다. 그러나 잘못된 교육의 결과들은 성인의 경우에도 바로잡을 수 있다. 신경증적 왜곡을 한 문장으로 정의하자면, 환자가 자신의 결함에 대해서

화를 내는 것으로 반응하는 것이다. 어떤 경우에는 격렬한 분노를 일으키는 원인인 이 죄의식이 상황을 반전시킬 수도 있다. 발전적 과업이 고양된 과업을 이겨낼 수 있다면 주변 현실의 요구에 맞춰서 그리고 내면의 자질에 준해서 마침내 실현될 것이다. 이렇게 되기 위해서는 현재의 결함들에 대한 부적절한 정당화를 중단시켜서 이것이 부적절한 동기 형성으로 변하는 것을 막아야 한다. 달리 표현하자면, 상상을 통한 부적절한 정당화가 실제적·능동적 정당화로 바뀌어야 하며 죄의식이 억압되거나 고양되지 않고 인정되고 수용되어야 한다.

치료의 목적은 절대적으로 도움이 필요한 많은 상황에 이러한 정신 위생 과정을 만들어 내는 것이다. 왜곡이 시작되는 초기에 치료를 하면 성과를 더 쉽게 거둘 수 있다는 것은 분명하다. 따라서 치료에 가장 큰 도움을 받을 수 있는 영역은 부적응 아동의 재교육

이다.[13]

13) 다음을 참고할 것. Dr. Cyrille Cahen, *Thérapie de l'échec scolaire*[1996], Paris, Nathan, 2005.

2. 가정에서 일어나는 감정적 얽힘

반응적 얽힘

아동의 성격 왜곡은 유전·기질·사회(불안정한 가정) 차원의 다양한 원인 때문에 일어난다. 이 외인성(外因性) 원인들은 아이가 태어나는 순간부터 아이의 감정생활에 영향을 끼친다. 감정은 원망으로 차츰 변질되면서 행동 전반, 즉 성격을 비밀리에 결정하는 내적 동기가 된다.

따라서 이 내적 동기들은 말하자면 외적 원인들의 공통분모라고 할 수 있다. 재교육이 성공하기 위해서는 이 공통분모를 이용해서 외적 원인들을 단순화시키는 것밖에 다른 방법이 없다. 단, 재교육은 감정에만 영향을 줄 수 있다.

당연한 말이지만, 부모-교육자의 행동은 기본적으로 아이에 대한 그들의 감정으로부터 나온다. 감정이 모순적이고 혼란스러워서 교육에 적합하지 않은 부모는 아이의 초기 감정을 흔들고, 이것은 (유전적·기질적 소질이 더해져서) 아이를 가정에 적응하지 못하게 만드는 원인으로 작용한다. 이렇게 되면 부모와 아이에 불완전한 상호 작용이 발생한다. 불완전한 상호 작용 가운데 '반응적 얽힘'으로 지칭되는 상호 작용은 두 사람이 서로를 외적으로 도발한다는 특징이 있다. 반응적 얽힘과 반드시 구별해야 하는 또 하나의 상호 작용 형태는 심리적으로 작용하는 얽힘으로서 동기적 감정들에 깊은 상처를 입힌다.

갓난아이는 부모 특히 엄마가 아이에게 품는 감정에 전적으로 의존하기 때문에 반응적 얽힘에 의해서 상처를 입을 위험이 크다. 부모가 보이는 미미한 결핍의 기미(몸짓, 표정, 억양, 불규칙한 보살핌)는 아이의 초기 감정에 영향을 끼치면서 혼란스러운 반응(울음, 눈물)을 초래한다.

내면의 동기적 감정을 기준으로 살펴봤을 때, 건강하지 못한 반응들로 인해서 발생되는 다양한 외형들은 통합적이고 중요한 하나의 원인으로 귀착된다. 그것은 바로 엄마-아이 사이에 최초로 형성되는 감정적 관계의 왜곡이다. 이 초기의 왜곡은 일단 형성되면 계속 전개되고 반응적 얽힘에 의해서 지속적으로 심한 충격을 받는다. 그 결과 감정이 변질되면서 서로에게 갈등을 유발한다(예를 들어서 의욕의 변질이나 과도한 감정적 판단). 사랑이 사랑-증오의 양가감정으로 분화되면서 감정이 원망으로 변질되는 정도는 더 심해진다. 원망은 점점 커져서 엄마와 아이의 정신 구조 속에서 얽혀버린다. 이러한 얽힘은 정신 구조 내부에서 일어나는 일이다. 그리고 반응적 얽힘에 관계된 두 사람의 마음 안에서 일어난다. 이 얽힘은 양가적 특성 때문에 자체적인 법칙에 따라서 일정한 구조를 형성한다.

형태 심리학[1]의 용어를 이용해서 우리는 이 두 얽힘을 내용과 형태로 구분해볼 수 있다. 두 사람의 마음 안에서 일어나는 감정적 얽힘은 정신 내부에서 동기를 형성하는 것으로, 내용에 해당한다. 반응적 얽힘은 두 사람 상호간에 일어나는 행동이며 개인이 속해있는 환경의 영향으로서, 형태에 해당한다. 내면의 감정적 얽힘은 역동적이다. 동기적 얽힘의 양가감정이 각자의 마음 안에서 형성되면 이것은 상상에 의한 반추를 이끌어내며, 환경에 의해서 유발되는 자극적 흥분이 반추를 계속 조장하기 때문이다. 이와 반대로 표면상의 행동은 정태적 양상처럼 보이는 경향이 있다. 그러나 이것은 사람들이 통상적으로 몇 가지 특징적인 행동들만 골라내기 때문이다. 부적응 아동의 행동에 대해서는 관례적으로 반항적 아이와 순종적 아이 같은 전

---

1) 게슈탈트 심리학이라고도 한다. 형태 심리학은 의식의 활동성과 지각의 전체성을 강조한다. 형태 심리학의 관점에서 형태(게슈탈트)는 '조직된 전체'로서, 전체는 부분들의 단순한 산술적 총합이 아니라 그 이상의 것이고 부분은 전체와의 관계 속에서만 의미를 갖는다. – 역자 주

형적인 몇 개 범주로 재단한다. 부모의 행동에 대해서는, 아이를 지나치게 귀여워하는 성향과 아이를 실망시키는 성향으로 구분한다. 부모의 다양한 불만 사항들도 역시 두 부류로 나뉘는데, 가정에서 반항하는 것에 대한 불만과 학교생활에 문제가 있는 것에 대한 불만이다. 그러나 실제로는 이 모든 특징들은 서로 뒤섞여 있다. 게다가 부적응 아동의 태도들 중에 상당수는 사실상 등한시되고 있는데, 이는 아동 심리학이 교육이나 재교육의 초점을 성격의 조화로운 전개가 아니라 사회의 '게임 규칙'에 적응하는 데 맞추고 있기 때문이다.

건강하지 못한 행동을 정태적 형태로 재단하는 경향은, 한편으로는 심리학이 분류화를 토대로 학문의 방향을 잡아나가기 때문이고 다른 한편으로는 부모들이 부적응 성격의 몇 가지 전형적 특징에만 관심을 갖기 때문이다. 아이들이 부모 뜻에 순종하지 않는다든지 학교 성적이 기대에 못 미친다든지 하는 것들 말이다. 하지만 이런 식의 재단은 그저 관례일 뿐이다. 이 점은 반드시 유념해야 하는데, 재교육이 이런 관례에 따라서 부모들의 불평을 있는 그대로 받아들여 아이의 행동을 교정하는 데만 집중할 수 있기 때문이다. 이렇게 하면 당장의 증상은 없어지겠지만 내면의 동기 형성에서 비롯된 부적응 증후군은 틀림없이 새로운 반응적 형태들을 만들어낼 것이다. 복잡한 부적응 행동들은 감정이 원망으로 점진적·대칭적으로 변질되는 과정에서 적법하게 만들어진 것들로서, 이 행동들을 체계적으로 파악하기 위해서는 정신 내부의 기본적인 동기 형성 구조를 살펴야한다.

감정적 얽힘

아이와 부모가 속으로 상상적 반추를 하게 되면 서로에 대한 짜증이 지속적인 분노로 변하고 어느 순간 느닷없이 감정이 폭발하게 된다. 부모와 아이는 서로를 질책하고 아이는 거칠게 말대꾸를 한다. 말대꾸는 아이가 쓸 수 있는 유일한 방어 무기이자 공격 무기며 은밀한 반항이다. 이 무기는 필연적으로 다시 아이를 겨냥하게끔 돼 있어서 아이의 내적인 혼란을 가중시킨다. 아이는 자기가 왜 말대꾸를 하는지 모르기 때문에 더 혼란스럽다. 아이는 도발자인 동시에 피도발자로서 대개는 일방적으로 비난을 받으며 사방에서 시달린다. 내적인 원인과 표면적 결과가 복잡하게 얽혀서 결국에는 부모의 잘못과 아이의 잘못을 구별하기 힘들 지경이 된다. 말하자면 막다른 길에 부닥친 상황이 되어 버리는 것이다. 아이는 부모뿐만 아니라 종종 형제자매와도 서로를 도발하면서 얽힌다. 상상은 점점 가열되고 굴욕감은 심해져서 아이들은 서로에게 공격적으로 거침없이 적개심을 드러낸다. 화를 터뜨리는 것 못지않게 이런 식의 비난도 상대를 강하게 도발한다. 불안하고 격앙된 가정의 분위기는 가족 모두에게 정신적 외상이 된다. 내적인 원인이 항구적으로 지속되는 상황은 갑작스럽게 발생한 충격적 사고보다 훨씬 더 위험하다. 돌발적인 사고는 상상적 반추 때문에 정신 구조가 약화되는 경우에만 정신적 외상이 되기 때문이다.

분노의 감정적 얽힘이 일단 가족 안에 형성되면 이것의 왜곡적 영향력은 가정의 테두리를 넘어 다른 상황들로까지 확장돼서 아이에게 갖가지 부적응을 일으키는 내적인 원인으로 작용한다. 아이는 학교에서 지나치게 민감해져서 친구들과 즐거운 관계를 맺지 못한다. 그래서 부산스럽게 또는 소심하게 아이들의 놀이를 훼방 놓는다. 짓궂게 굴고 잘 토라지는 아이의 행동은 아이를 고립시켜서 아이는 주로 상상 놀이를 하며 마음을 달래보려고 하지만 위로를 받지 못한다. 얽힘의 반응적 양상은 교사들을 향해서도 해로운 파장을 미치는데, 특히 공부를 소홀히 하는 행동으로 드러난다. 아이가 과제를 힘들게 느끼면서 건성으로 하는 이유는 반항적 태도 때문이기도 하지만, 기분을 전환하고 싶어서 상상 속으로 숨어들어가는 것도 아이의 집중력을 방해한다. 백일몽은 아이를 반-수면 상태로 만들며 이 상태는 점점 악화돼 축적된 불안 때문에 생기는 일종의 강력한 자기 최면 상태로까지 발전될 수 있다. 지체된 감정 발달은 학업에 영향을 끼쳐서 지적인 지체로 이어지고, 아이는 수업을 따라가지 못해서 게으름을 부리며 공부를 단념하게 된다. 그 여파로 애초에 이 병적인 상태의 원인이었던 가정에서의 감정적·반응적 얽힘은 더 강화된다. 아이는 과제나 성적 때문에 계속해서 잔소리를 듣게 되고 야단을 맞을까봐 노심초사한다. 하지만 부모에게 직접적으로 분노를 드러내지 못한 채 심한 죄의식을 느끼면서 과제에 분노를 전가하는 경향이 있다. 과제에 대한 혐오는 지배적인 성격 특성으로 변해서 아이의 미래에 영향을 줄 뿐만 아니라 신경증으로까지 악화될 수 있다. 신경증은 수많은 병적 상태를 만들어 내는 심인성(心因性) 요인이라고 할 수 있다. 성인이 되어 가정에서 사회로 나갈 때 아이는 사회에 통합되지 못할 위험이 높고 따라서 아이의 상황은 그만큼 더 위험하다고 할 수 있겠다. 정동성에 근거한 성적(性的) 관계도 아이를 괴롭힐 테지만 많은 경우 아이는 학교를 졸업하지 못해서 학위도 없고 전문 교육도 받지 못한 낙오자가 될 가능성이 높다. 사회 부적응은 정신병질적으로 불안정한 상태를 초래하고 잘못하면 범죄로까지 이어질 수도 있다.

부적응 증후군은 유년기 초기의 감정적 얽힘으로부터 비롯된 것이기 때문에 성장하면서 필연적으로 점점 심해질 수밖에 없다. 아이가 편입되는 환경(가정, 학교, 성, 사회)이 확장되면서 부적응 증후군도 단계적으로 확대된다. 부적응 증후군은 연속적으로 전개되는 가정의 감정적-반응적 얽힘으로부터 시작됐기 때문에 이러한 병적인 확대 역시 복잡하게 얽혀있다. 가족들은 격앙된 채 말다툼을 벌이며 혼란을 빚어낸다. 이 혼란은 내적인 인과 관계가 만들어 내는 반응적 결과일 뿐이다. 그런데 이제는 혼란이 원인으로 바뀌어서 상상을 자극하고 서로의 마음 안에서 이 상상은 계속 이어지게 된다.

상상의 고양

따라서 내면에서 동기 유발의 원인으로 작용하는 상상의 고양을 집중적으로 분석해볼 필요가 있다. 아이와 부모가 서로에게 건강하게 적응할 수 있으려면 다정한 관계가 필수적인데 상상의 고양은 이 관계를 점진적으로 변질시킨다.

사랑이 기대에 어긋나면 원망이 스며든다. 아이와 부모는 서로를 사랑하고 싶었으나 상대에게 지속적인 불쾌감을 안기는 원인이 되어서 사랑은 증오로 변한다. 그들이 정말 서로를 증오할까? 증오하는 것처럼 행동하는 것은 사실이다. 그러나 증오 속에는 고양된 죄의식이 들어있어서 서로에 대한 비난 어린 실망은 필연적으로 자신에 실망 즉 자책으로 바뀐다. 사랑-증오는 정신적 변질(양가성의 법칙)을 통해서 상대에 대한 고양된 사랑과 증오 대 자신에 대한 고양된 사랑과 증오로 분열된다.

응석받이나 욕구 불만에 찬 유아는 이 변질 과정에

서 극히 감상적인 성격을 오랫동안 유지한다. 하지만 가치 평가적인 상상을 하게 되면 이 감상적 태도는 일종의 부의식적 술책으로 바뀐다. 변질된 감정들은 그것의 양가성 때문에 사람을 극도로 힘들게 만드는데도 불구하고 복잡하게 뒤얽힌 동기들로 인해서 계속 되살아난다. 부모와 아이는 상상 속에서 자신을 정당화하며 분노를 견뎌보려고 하지만 자신을 정당화하면 할수록 상대를 비난하는 마음은 더 커진다.

자기를 정당화하는 내면의 술책은 기만이고 따라서 근본적으로 효과가 없는 것이어서 감정적 관계를 점점 변질시킨다. 감정의 변질은 일단 시작되고 나면 양가 감정이 갖는 힘 때문에 계속 진행된다. 아이와 부모는 정당화 술책을 이용해서, 자신들이 경험하는 미묘한 감정들을 매번 새롭게 다양한 방식으로 조합해나간다.

이렇게 해서 반응적 얽힘은 상상 속에서 꾸며낸 술책에 의해 계속 강화되면서 사랑-증오로 마음을 다친 아이와 부모 모두에게 완전히 자리를 잡는다. 두 사람은 서로에 대한 왜곡된 심상을 품은 채 자기도 모르게 상대와 말싸움을 벌이는 황당한 상상을 한다. 그 내용은 주로 교만한 자기변명, 상대에 대한 무조건적인 질책, 자신이 겪은 부당함에 대한 감상적 불평 같은 것들이다. 무력한 분노는 서로를 자극하다가 상상을 통해서 점점 커져 결국에는 밖으로 터져 나와 상상의 말싸움이 실제로 벌어지는 상황이 벌어진다. 쌓여있던 원망이 공격적인 말로 분출되는 것이다. 이 말 속에는 상상했던 대화 내용이 고스란히 들어있다. 그것은 서로에 대한 투사에서 나오는 말들이다. 두 사람은 증오에 차서 서로에게 잘못을 투사하고, 상대는 그것에 대한 부정·상대방에 대한 질책과 모욕·상상 속에서 오래 준비해왔던 자기에 대한 정당화로 여기에 응수한다. 끊임없는 상상적 반추의 결과로 부모는 결국 아이와의 진정한 접점을 완전히 잃고 만다. 아이에게 하는 말은 격앙된 목소리로 야단치고 주의를 주고 훈계조로 잔소리를 덧붙이는 것밖에 없다. 건방지게 대드는 아이라면 자기도 부모처럼 마음에 쌓아두었던 분노를 일시적으로 터뜨릴 수 있겠지만 그렇지 않은 아이라면 아무 말도 하지 못해서 무력한 분노감은 그만큼 더 고조될 것이다. 그래서 아이는 고집을 피우고 금지된 행동을 하면서 강박적으로 자기의 감정을 발산한다. 상상적 술책은 저절로 가동돼서 전형적이고 정태적인 부적응 증후군의 태도들로 표현된다. 이런 형태로 나타나는 부적응 성격의 특징과 행동은, 거만한 태도로 자신의 결백을 주장하고 감상적인 태도로 다른 사람을 비난하는 것이다. 그리고 이러한 술책은 생활 전반으로 확대된다.

부적응 증후군

부적응 증후군은 자신의 무고함을 주장하려는 내면의 술책에 대한 이해가 선행되어야 설명이 가능하다. 외관상으로 부적응은 다양한 성격적 특징들이 일관성 없이 분산돼 있는 것처럼 보이지만, 본질적으로는 환자가 자신이 적응해야 하는 현실을 점진적으로 상실한 결과다. 환자는 상상 속에서 자신을 정당화하면서 현실과의 접촉을 상실한다. 이 성향은 유년기부터 뚜렷하게 나타나는데, 자신을 정당화하는 잠재의식적 술책은 자신의 잘못을 부인함으로써 위안을 주기 때문이다. 하지만 이 위안은 허상이다. 백일몽은 위안을 주기는 하지만 고질적이고 강박적으로 잘못을 부정하고 억압해서 병리학적 증후군으로 전환시킨다. 이 증후군은 아이의 경우에는 강박적 반항으로 나타나고, 부모의 경우에는 당면한 교육적 의무를 회피하는 것으로 나타난다. 부모가 동원하는 교육적 수단들은 부모 자신이 그 상황에 적응하지 못하고 있기 때문에 하나같이 불완전하고 병리적이다. 부모는 사랑-증오의 상태에 빠져서 부당하게 행동한다. 아이를 도발한 자신의 잘못을 정당화하기 위해서 아이를 비난하는 것이다.

상상으로 시작된 얽힘이 끝내는 실제가 되어서 자신들이 그 안에 갇혔다는 사실을 아이도 부모도 모른다는 점에서 상황은 비극적이다. 그들은 얽힘의 무고한 희생자이자 얽힘을 만들어 낸 주범이다.

재교육의 개입만이 감정적·반응적 얽힘을 풀 수 있

다. 조언이 적절하다고 할지라도 적당한 수준에서 그쳐서는 안 될 일이다. 부적응 증후군은 상상과 현실의 대비로 규정되기 때문에 이것을 이해하기 위해서는 주변 현실을 관찰하는 동시에 정신 내부에서 일어나는 상상을 분석하는 것이 중요하다. 부적응의 얽힘이 능동적 요인(반응적 요소)과 상상적 요인(감정적 요소)으로 나뉘는 것은 상상과 현실이 대비된 결과다. 부적응의 원인을 그것의 뿌리인 상상의 고양 속에서 찾아낼 수 있다면 교육과 재교육은 분명히 효과를 거둘 수 있으며 그와 더불어 방법론적 토대도 세울 수 있다. 상상의 고양으로 인한 현실의 상실은 자아의 현실과 다른 사람의 현실에 영향을 끼친다. 현실의 상실로 초래되는 자기중심성은 가정뿐만 아니라 모든 인간관계를 왜곡시킨다.

잘못된 방법으로 자기를 정당화하려는 자기중심적 성향은 아이 안에 잠재된 상태로 머물러 있다가 결함이 있는 교육의 영향으로 전개된다. 교육이 효과를 거두려면 정신 내부에 도사리고 있는 이 위험을 인지하고 막아야 한다. 비록 부적절한 것이기는 하지만 상상적 술책은 모든 인간의 마음 안에 존재하며 유아기부터 조금씩 전개돼 나가는 것이기 때문에 적법하다. 또한 사랑에서 사랑-증오의 양가감정으로 분열하면서 일정한 구조를 형성한다는 점에서도 이것은 적법하다. 자기를 정당화하기 위해서 만들어 내는 상상의 구조와 부적절한 목적을 명확히 밝혀내면 잠재의식의 차원에서 이뤄지는 술책은 의식적 차원으로 옮겨가고 그 결과 상상에 의한 잘못된 술책은 적법한 정신적 술책으로 전환된다. 외관상 이질적으로 보이는 부적응 행동의 다양한 형태들은 이렇게 전환된 의식 상태에서 비로소 예견되고 치료될 수 있다.

3. 교육 문제의 핵심

교육의 의미

세상에 태어나는 아이는 모두가 희망이다. 누구의 희망일까? 당연히 부모와 사회의 희망이다. 어떤 의미에서의 희망일까? 교육의 방향을 설정하기 위해서는 희망이 미칠 수 있는 전 영역에서 그 의미를 도출해내는 것이 바람직하지 않을까?

부모는 아이가 만족과 기쁨을 안겨주기를 기대한다. 아이가 자신의 영광이 되어주기를, 훌륭하고 현명한 사람이 되기를, 사회에서 성공하기를, 노년에 위로가 되고 의지가 되어주기를 꿈꾼다. 이러한 희망은 병적·피상적·이기적으로 과대해질 때도 있지만 매우 자연스러운 것이다.

이 희망 속에는 자기 초월의 단계라고 하는 진정으로 가치 있는 단계가 존재한다. 부모는 아이가 자신의 일시적 삶을 연장시켜 주기를 희망한다. 자기가 죽고 난 뒤에도 자기 존재를 증언해주기를 아이에게 바라는 것이다. 인간은 누구나 강한 생산 욕구를 갖고 있다. 모든 종류의 생산 가운데 생명을 창조하고 퍼뜨리는 것이야말로 가장 자연스럽고 중요한 일이다. 자손의 번식은 아이의 육체뿐 아니라 정신에도 관여한다. 부모-교육자는 아이의 정신을 형성하는 데 중요한 역할을 한다. 아이의 기억 속에서, 아이의 사랑 속에서, 아이의 성격과 모든 행동 속에서 자신이 존속되기를 바라는 것은 깊은 생물학적 근거에서 기인하는 희망이며 자기중심성을 능가하는 것이다. 이런 점에서 아이는 세대에서 세대로 부모의 존재 흔적을 이어주는 부모의 환생인 셈이다. 이 희망은 근원적이어서 일상의 관심사나 의식적 계획 같은 피상적 형태로는 드러나지 않는다. 이것은 부모와 아이를 이어주는 생명 그 자체며 부모의 사랑의 무의식적 토대다. 운명과 상황이 허락하지 않아서 자신이 발전시키지 못했던 자질 또는 자신이 건강하게 성숙시킬 수 없었던 자질이 아이 안에서 활짝 피어나기를 바라는 이 희망의 가장 심층에는 진화적인 의미가 내포돼 있지 않을까 싶다. 근본적으로 부모의 모든 희생은 아이가 자신들의 노력을 이어받아서 운명을 대신 완수해주기를 바라는 무의식적 희망으로부터 나오는 것이다.

온갖 인습적 관심사들이 우리의 기운을 완전히 소진시키는 것 같지만, 자기 초월의 약동은 인간의 정신 깊숙이 단단히 뿌리를 내리고 있기 때문에 무의식 속에 잘 보존돼 있다. 이것은 없는 듯 보일 때가 많지만 지속적으로 그 존재감을 드러낸다. 자기 초월의 욕망은 모든 인간을 부추기는 본질적 욕망으로서, 이것을 존속시켜주는 가장 중요한 형태는 자녀를 향한 투사다. 자기 초월의 약동은 생물학적·무의식적 토대에 뿌리를 내리고 있기 때문에 이러한 투사는 그 자체로 위험하다. 자신이 이루지 못한 일을 타인에게 기대하는 것은 위험한 일이다. 죄책감이 느껴지는 비밀스러운 결점 때문에 실패한 경우라면 더 그렇다. 만족되지 못한 약동과 자신에 대한 환멸은 조만간 타인에게 투사되기 마련이다. 그리고 이 타인은 희망적인 부활의 매개체가 된다. 투사는 그 자체가 갖고 있는 이상적 성향 때문에 완벽을 강요하며 따라서 그 안에는 환멸이 예정돼 있다. 단, 광신적이고 맹목적인 상상을 통해서 자신을 환멸로부터 보호하는 경우는 예외다. 무의식적 투사는 자기 초월의 약동을 전달할 수 있는 모든 생활 영역(정치, 예술, 종교, 등등)에서 관찰된다. 그러나 투사가 일어나기 가장 좋은 곳은 가정이다.

만족되지 못한 약동에 의한 투사는 부부 상호 간에는 일어나지 않는 반면 (연인을 결정할 때는 종종 이 투사가 작동하는데 이것은 고양된 사랑에 의한 것으로써, 고양된 사랑은 결국 사랑-증오로 변질된다) 부모와 자식 사이에서는 병적인 형태의 투사가 필연적으로 일어나서 관계를 어렵게 만든다. 아이는 이상화(理想

化)의 매개체가 되어서, 희망이 투사된 부모의 요구에 계속 노출된 채 자기를 전혀 방어할 수 없기 때문에 일반적으로 이런 상황은 대단히 위험하다.

정신 깊은 곳에 숨어있는 통제 불능의 이 병적인 요구는 교육을 망치는 주된 원인이다. 이것은 사랑의 욕구를 애증이 엇갈린 무수한 원망으로 변질시키면서 부적절한 동기들을 양산해내며, 부적절한 동기 형성으로 인한 불쾌한 기운은 부모에서 아이에게로 전달된다. 애초에는 내밀한 동기 형성이 가정의 불화를 일으키는데 다시 역으로 가정의 불화가 동기 형성을 강화시키게 된다. 의식의 경계 밖에서 작용하는 본질적 원인과 비교했을 때, 병적인 상호 작용은 비록 극적이기는 하지만 단지 우연한 결과일 뿐이다. 그런데 이 우연한 결과가 이제는 결정적 원인으로 작용한다. 부적절한 동기들로 인해 일어나는 폭발적 반응들이 가정의 분위기를 완전히 깨뜨려서 가족 구성원 모두에게 가정은 사랑의 욕구가 공격성으로 변질되는 곳이 되어 버린 때문이다.

투사적 요구의 모순적 양극성(희망-실망)은 결과적으로 교육상의 결함을 불러오는데 이것은 항상 두 가지 태도로 나타난다. 이 태도들은 둘 다 부적절한 동기 형성에서 비롯된 것들이지만 완전히 대조적인 양상을 띤다. 한 태도는 극히 허영적인 희망이 주조를 이루면서 부모로 하여금 아이를 지나치게 보호하게 만들고, 다른 한 태도는 실망감이 주조를 이루면서 과도한 비난을 유발한다(너무 귀여움을 받아서 응석받이가 된 아이와 너그러운 사랑을 받지 못해 욕구 불만에 빠진 아이).

허영심이 우세한 경우, 부모는 고양된 사랑의 느낌 때문에 아이의 타고난 결함과 사소한 실수를 보지 못한다. 자기 초월의 약동이 투사되어서 아이가 황태자처럼 떠받들어지는 것이다. 아이는 그 자체로 희망의 완벽한 실현이자 모범이 된다. 부모는 아이를 비난하는 대신에 이런 신동을 낳은 자신의 위업을 인정해주지 않는 다른 사람들의 편협함을 질책한다.

죄의식이 강하게 투사되는 경우에는 부모가 아이에

게 쉽게 실망해서 사랑이 증오로 전환될 위험이 높다. 부모-투사자는 아이에게서 불만스러운 자신의 모습을 발견하고 증오를 느낀다. 부모는 아이가 무슨 짓을 해도 만족하지 못한다. 아이는 자기 능력 이상의 모범을 강요당하며 살다가 차차 부모에게 거역하게 되고 결국에는 모범을 무너뜨려 버린다.

두 경우 모두 교육상의 결함으로 인해서 피교육자의 성격에는 결함이 생긴다. 아이는 문제적 환경에 적응하기 위해서 방어와 공격이라는 부적절한 태도를 취하고 그 결과 환경에 동화하는 능력을 영원히 잃어버린다. 그러나 아이가 계속 삶에 적응하지 못하게 되는 주된 원인은 기본적인 방향 상실이다. 아이는 적절한 지도를 받지 못했기 때문에 삶의 방향성을 어디로 향해야 할지 모른다. 부모가 자신의 실망스런 약동을 아이에게 투사함으로써 아이의 발전적 약동은 침식당한다. 무기력한 응석받이나 노골적으로 반항하기 시작한 욕구 불만 상태의 아이들은 성장하면서 부모 자신의 환멸을 고스란히 재현하고 사회의 희망에도 부응하지 못하게 된다.

가장 중요한 희망이 부모와 아이 모두에게 절망의 원천이 될 수도 있는 것이다.

결과적으로 사회가 아이들에게 걸었던 희망도 사라진다. 사회 차원에서는 부모와 아이 간의 불화가 더 확대된 형태로 나타나서, 부모들로 이루어진 성인 세대와 젊은이들 간의 갈등으로 변한다. 젊은이들에 대한 희망이 실망으로 바뀌는 것은 가정에서 일어나는 사랑의 욕구가 변질된 결과다. 아이(젊은이)에 대한 희망이 실망으로 바뀌는 조건들은 가정에서 사회 집단으로 고스란히 옮겨진다.

자기 초월과 사회생활

사회 차원에서 보자면 자기 초월의 약동은 문화적 염원의 형태로 표현된다. 사회도 젊은이들이 문화의 가치와 지침에 근거해서 사회를 확고하게 존속시켜주기를 기대한다. 가치와 지침이 해체되고 공동체의 삶이 자유분방한 정동에만 의지하게 되면 희망은 실망과 절망으로 바뀔 위험이 있다. 사회적 유대가 없는 상태에서 사람들이 서로 다투며 물질적 충족만 추구하다가 타락하고 몰락하는 것이다. 성인 세대는 자기 초월의 약동을 젊은이들에게 투사하는데, 성인 세대에 내재된 기본적인 결함 때문에 자신들의 가치와 지침을 완고한 도덕주의라는 변질된 형태로 강요한다. 젊은이들의 일탈이 심할수록 강요도 심해진다. 반면에 풍속이 지나치게 문란해진 경우에는 완고한 도덕주의가 무기력한 관용으로 대체되기도 한다. 이것은 교육상의 결함 때문에 아이를 지나치게 귀여워해서 버릇을 망치는 상황과 비슷하다. 그런데 가정에서는 문란함이 비난받지만 사회에서는 칭송을 받기도 한다. 붕괴되고 있는 사회가 본질적 자기 초월('내적인 성공'이라고 부를 수 있는 인격 형성)을 외면할수록 학위 취득에 대한 요구는 강해진다. 그리고 결국에는 학위가 외적인 성공, 즉 사회적·금전적 지위를 획득할 수 있는 유일한 자격요건이 된다. 사실상 이런 식의 성공은 가치가 없다.

사회가 물질적·문화적으로 잘 유지되기 위해서는 인적 자원을 적절하게 배치하려는 노력이 필요한데, 외적인 성공은 오로지 개인의 안전과 승리를 쟁취하는 것만 목표로 삼기 때문이다. 교육에 대한 엄격한 요구 사항은 약동을 단지 출세지상주의라고 하는 퇴락된 양상으로만 표출시키는 반(反)윤리적 형태를 취한다.

출세지상주의가 도덕적으로 강요되고 이로 인해서 심각한 사회적 갈등이 생기면 젊은이들은 방향 감각을 완전히 상실하고, 경우에 따라서는 반항이 심해져서 범죄로까지 이어질 수도 있다. 문화의 이런 모든 쇠퇴적 특징은 젊은이들 속에 깃들어 있는 희망과 대립되며 본질에서 벗어난 것이다.

아이는 부모나 사회의 가능성이기 이전에 스스로에 대한 희망이다. 이 사실을 잊으면 아동과 젊은이를 왜곡된 어른들의 관점에서만 보게 되며 그들이 지닌 생명의 약동에 근거해서 이해할 수는 없게 된다.

이와 같은 이기적인 몰이해는 때로는 어른들의 편의에 의해서 그들에게 문제적 환경에 순종하기를 요구하고 때로는 정당하지 않은 자기 초월의 욕구를 그들에게 투사하면서 자녀에 대한 교육을 자기만족의 수단으로 삼는다.

교육의 진정한 목표는 오로지 아이 자체며 아이의 참된 성숙이다. 아이의 정신 구조가 성숙의 단계들을 거쳐서 건강하게 무르익기 위해서는 아이에게 사랑이 필요한데 이기적인 교육은 사랑의 욕구를 해친다. 아이의 목표는 단순히 성인이 되는 데 있지 않다. 아이는 자신의 자질을 충분히 발휘할 수 있는 성인이 되기를 꿈꾼다. 적어도 개인 차원에서는 이것이 바로 '자기 초월'이 뜻하는 유일한 의미다. 개인의 차원은 교육의 차원이기도 하다. 개인은 자신에게 잠재된 긍정적 자질들의 한계를 뛰어넘을 수는 없다. 그러나 그것들이 완전히 계발되지 못한 상태라면 현재의 단계를 넘어서는 것은 원칙적으로 가능하다.

유아는 그 자체로 온전하고 또 그래야만 한다. 이런 의미에서 유아는 본원적 존재다. 그러나 어른이 되려면 유아는 자신을 초월해야 한다. 최초의 본원성은 주어진 자질의 한계 안에서 역동성을 발휘해 자기 초월의 약동으로 바뀌어야 한다. 희망은 인간에게 선천적으로 내재돼 있으며, 성숙의 시간들을 거치는 동안 이 본원적 약동을 보호해주는 역할을 한다. 개인의 희망은 사회의 기대를 지탱해주는 지주다. 본원적 약동이 사회의 성인 구성원들에게 활력을 불어넣어야 사회가 합리적으로 발전할 수 있기 때문이다. 유아는 희망의 약동을 의식하지 못한다. 이것은 훨씬 더 근원적인 방식으로 아이에게 활력을 불어넣는다. 희망은 유아의 본질이며, 그의 존재 안에서 순수한 형태로 구현되어 세대에서 세대로 이어진다. 유아는 아직 꺾이지 않은 본질적 희망이다. 유아는 본질적 불안도, 스스로에 대한 실망도, 억압된 죄의식도 모른다. 자기를 변명하기 위한 기만적 방법도, 성인들에게서 나타나는 억압과 투사도 한동안은 모를 것이다. 그러나 유아를 자기 초월의 약동이라고만 주장하는 것은 지나치게 이상적인 생각이다. 유아의 정신 구조 속에는 상상에 의한 자기 변명과 타인에 대한 비난을 만들어 내는 해로운 역동성이 유전적으로 들어있다. 그러나 본원적 약동을 해치면서 해로운 역동성을 전개시키는 출발점은 부모-교육자들의 실망스러운 모습이다. 자기 초월의 약동은 아이에게 활력을 불어넣는데, 부모가 불완전한 자신들의 약동으로 아이를 교육하면 아이의 영혼은 죽는다. 아이가 부모에게 반항하는 근본적인 이유는, 부모의 인습적 가식에 적응하기를 거부하며 죽지 않으려고 버티는 본원적 약동의 저항 때문이다. 본질적 관점에서 봤을 때 아이의 본원적 방어는 반항을 통해서만 표출될 수 있다는 점에서 공격적 재투사의 첫 신호다. 다시 말해서 아이의 방어에는 복수의 의미가 있다(이것이 바로 오이디푸스 콤플렉스의 진짜 핵심이며 이 핵심은 성적 의미를 걷어낸 뒤에야 비로소 드러난다).

유아는 깨끗한 영혼으로 자신의 삶이 아름답고 합리적이기를 무의식적으로 희망한다. 그리고 부모-보호자의 사랑 속에 '입문'되기를 기대한다('영혼의 양식'인 사랑 없이 육체의 보살핌을 받는 것만으로는 부족하다).

아이는 부모-보호자의 규율과 지도 아래 유아기에서 청년기로 나아가며 진정한 의미에서의 어른으로 성장하기를 열망한다. 삶의 발전적 약동을 완전히 만족시킬 수 있는 존재가 되기를, 충만한 삶과 기쁨을 누릴 수 있는 존재가 되기를 열망한다. 부모 자신의 약동이 죽고 병들고 억압되고 버려졌다면 수용적인 사랑을 원하는 아이의 희망에 부모가 어떻게 제대로 부응할 수 있을까? 이것은 교육자가 반드시 책임져야 할 문제다. 교육은 거의 항상 아이에게 타협을 요구한다. 인습에 갇힌 사회에 적응하라고 말이다.

아이의 희망과 절망

아이가 가정에서 유익한 모범을 보지 못하고 부모의 다툼과 타인에 대한 비방과 자신에 대한 부당한 결정을 연달아 경험할 때, 더 나아가 도덕적 훈계와 인습적·자의적 강제까지 더해질 때 아이의 마음 깊은 곳에 쌓일 (약동의 기운을 조금씩 빨아들일) 잠재적 환멸과 무력함에 대한 분노는 상상하기조차 힘들다. 상황에 따라서는 부모가 아이에게 자신의 실망스러운 모습을 모방하게 하고 아이가 잘 따라하지 못하면 심하게 벌을 주기까지 한다. 약동이 강할수록, 믿음이 아름다울수록 영혼 깊숙이 신화적 영역에 뿌리내리고 있는 아름다움에 대한 동경에서 깨어나 대면하게 되는 현실이 아이에게는 더 추악하게 느껴질 것이다. 비난과 변명은 아이가 혼란과 방향 상실을 의식적으로 판단하기 훨씬 이전부터 아이의 태도에서 드러나며, 이 태도는 아이를 완전히 구속하게 된다. 아이의 희망은 절망으로, 약동은 나태함으로, 사랑의 욕구는 반항으로 바뀐다. 그래서 아이는 스스로에게 실망하고, 부모가 자기에게 투사하는 희망을 무시함으로써 부모에게도 실망을 안겨준다. 이루지 못했거나 억압돼 원망과 진부한 야심으로 변질된 부모의 약동은 점점 공격적으로 아이를 향해 해로운 에너지를 쏟아내기 시작한다. 부모는 공격적인 말투로 또는 애처로운 말투로 설교를 늘어놓거나, 위협적인 말투로 또는 감상적이고 절망스러운 말투로 명령을 내린다. 이와 같은 폭발적 감정들은 도발자인 동시에 피도발자인 아이의 영혼을 왜곡시키는 심각한 정신적 외상이 된다.

이러한 가정생활은 아이의 남모를 절망감과 죄의식 그리고 삶에 대한 불쾌감을 고양시킬 뿐이다. 아이의 반항은 점점 심해져서 분노의 폭발로 이어지고, 모범적 행동을 강요하려는 부모의 시도는 그 자체로 부적절한 행동의 표본이 되면서 실패로 돌아간다. 부모가 화를 내며 공격적으로 자신의 절망감을 표출하는 대신 부루퉁한 태도로 아이를 방치하는 것도 좋지 못하다. 이런 저런 활동을 핑계로 집을 비우는 경우도 마찬가지인데, 가령 능력 있는 직업인으로서 열심히 일에 몰두하는 모습은 겉으로는 그럴 듯해 보일지 모른다. 부모의 부적절한 태도는 너무나 다양하게 변형돼서 나타나기 때문에 일일이 열거하기 힘들 정도다. 가족 구성원이 많고 부모의 불화가 가정을 압도할 때는 당연히 더 복잡한 상황이 벌어진다. 자녀들에게 주어지는 일정량의 사랑은 공격성이나 감상벽으로 변질돼서 줄어

들기도 하지만, 여러 명의 자녀가 사랑을 놓고 다투기 때문에 줄어들기도 한다. 서로를 질투하고 싸우면서 형제자매는 사랑-증오를 느끼고 이 감정들을 원망과 토라짐으로 드러낸다.

정신적 외상을 초래하는 교육에 노출된 아이들에게서 공통적으로 나타나는 은밀하면서도 가장 독특한 특징은, 본원적 약동이 파괴되는 것을 보면서 느끼는 절망감 즉 무력함에 대한 분노다. 이 점은 아무리 강조해도 지나치지 않다. 물론 약동은 강력해서, 뇌에 심각한 손상을 입지 않는 이상 사람이 약동을 완전히 잃는 일은 없다. 정신적으로 나약하거나 무기력한 아이들은 약동이 없는 것처럼 보인다. 그러나 무력함은 많은 경우 절망의 결과일 뿐이며 나약하다고 해서 약동이 약한 것은 아니다. 본원성은 지능과 사고의 산물이 아니기 때문이다. 그러나 명철한 지성의 도움이 있다면 약동은 가정의 울타리를 벗어나, 오랜 과거로부터 물려받은 문화적 자산 속에서 자신의 자양분을 길어낼 것이다. 한편, 강력한 자기 방어는 종종 허영심으로 오염될 수 있어서 지식인에게도 나쁜 영향을 끼친다. 특히 역사의 쇠퇴기에는 통용되는 이념들이 극도로 모순적이어서 분명한 방향 제시를 해주지 못하기 때문에 지식인의 문화가 지나치게 이론적이거나 짜깁기식으로 변질될 위험이 있다. 약동은 이상적으로 강화될 경우, 방향성을 잃지 않으려고 하나의 해결책을 광적으로 고수하는 경향이 있고 이로 인해서 자신의 본원성을 살릴 수 있는 기회를 완전히 상실하게 된다.

이성(異性)과의 만남

아이가 자라면서 환경은 확장되고, 가정에서 습득한 방어와 공격의 태도는 학교(친구와 교사)·이성·사회와의 관계를 어렵고 고통스럽게 만든다. 이로 인해 새로운 형태의 혼란이 일어나는데, 혼란의 본질적인 원인은 여전히 약동과 사랑의 욕구가 내적으로 방향을 상실했다는 데 있다. 아이는 감정상의 장애 때문에 지능 발달이 지체되거나 억제되어 학업에 방해를 받기도 한다. 사랑을 받지 못해 낙심한 아이나 지나친 사랑으로 응석받이가 된 아이들은 교사와 친구들에게 주목을 받으려고 앞에 나서는 경향이 있기 때문에 학업에 방해를 받을 위험이 더 크다. 아이는 사람들로부터 감탄을 기대했다가 오히려 창피를 당하는 바람에 정신적으로 혼란해지는데 때로는 이 혼란스러운 상태가 재학 기간 내내 지속되기 때문이다. 감상적이 되어서 부루퉁해진다거나, 남을 비난하고 원망한다거나, 화를 내거나 뽐내면서 거만하게 군다거나, 억압된 죄의식 때문에 소심하게 구는 등의 민감한 성격적 결함 때문에 아이는 누구와도 즐겁게 사귀지 못하고 집단 놀이에도 끼지 못한다.

이렇게 고립된 아이는 이성과 교제하는 시기가 됐을 때 어려움을 겪는다. 하지만 사춘기의 성(性)을 고양시키거나 억제시키는 원인은 이런 실망스러운 경험들이 아니라 유년기 초기에 엇나가 버린 사랑의 욕구다. 젊은이들은 이성에게 다시 희망을 투사하고 사랑의 욕구를 부모가 아닌 이성에게 집중한다. 유아기에 사랑의 욕구를 충족하지 못했기 때문에 사춘기 아이들의 투사 속에는, 고양된 희망과 함께, 또다시 실망할 수도 있다는 억압적 두려움이 내포돼 있다. 두려움이 섞인 이 투사는 아이를 소심하게 만들거나, 과잉 보상 작용에 의해서 건방지고 냉소적인 태도를 취하게 만든다. 사랑의 욕구가 점진적으로 파괴된 결과인 사랑의 고양과 억제는 성의 차원에서뿐만 아니라 정신적·물질적 차원에서도 나타난다. 따라서 성을 포함한 이 모든 일탈이 성격을 왜곡시키는 것이며 이것이 악화될 경우에는 정신 질환으로까지 이어질 수 있다. 사실 성의 차원에서 약간 특별한 원인이 추가되기는 하는데, 어른들의 성적 고양과 성적 억제가 불러일으키는 성에 대한 위선적 수치심이 바로 그것이다. 수치심은 성에 대한 적절한 지도를 방해하고, 아이에게 병적인 호기심을 고양시킨다. 이 호기심은 경우에 따라서 정신적 외상을 초래할 수도 있다. 성의 차원에서 입은 이 정신적 외상은 본질적 외상에 합쳐진다. 그래서 순수하고 아름다운 삶을 향한 약동이 짓밟힌 것 때문에 반항적이 된 아이가 이제는 삶의 모든 영역을 불신하게 된다. 극히 단순한 문제들(아기, 남자와 여자의 차이 등등)에 대해서 아이가 보이는 호기심에는 아직 성적인 의미가 없는데 부모의 애매한 태도 때문에 아이는 여기에서 금기의 낌새를 느낀다. 의심을 통해서 성을 발견할 경우, 잘못하면 성에 대한 불신을 갖게 될 수 있다. 반항이 본격화되는 시기가 되면 아이는 성을 어른들의 불결함과 존재의 추악함을 보여주는 확실한 증거로 생각하는 경향이 있다.

청소년이 된 아이는 삶의 전 영역에서 미성숙한 상태로 이제 사회에 들어갈 준비를 한다. 인습에 완전히 매몰될 수도 있다는 위기감에서 본원적 약동이 마지막으로 총력을 기울여 저항하는 시기가 바로 이때다. 오랫동안 무의식 상태에 있던 감정적 반항심을 의식적 사유가 뒷받침해주는 까닭에 저항은 대단히 격렬하다. 이제 스스로 가치 판단을 할 수 있게 된 청소년은 어린 시절부터 복종해왔던 권위적 강요에서 해방되고자 한다. 권위가 강했을수록 해방에 대한 욕구는 강렬하다. 가치를 평가하는 데 있어서도 청소년들은 한층 교만해진다. 이제 청소년은 평가되고 야단맞는 아이에서 부모와 어른들과 사회를 심판하고 경멸하는 존재가 된다.

청소년기의 위기

청소년기의 위기는 희망과 절망, 상승과 추락이 주기적으로 폭발하는 것이 특징이며 이 점은 본원적 약동이 충분히 성숙하지 못했다는 사실과 통한다. 청소년은 부모의 제약에서 벗어났다는 사실에 도취되어 마음껏 자유를 누리고자 한다. 하지만 독립의 기쁨은 조만간 성인 세계로 들어가야 한다는 두려움 때문에 방해를 받는다. 성인 세계에서는 자신들이 힘들게 얻어낸 자유가 다시 제약당할 수밖에 없고, 자유의 약동 속에서 추구하고 있는 정신성이 완전히 물질화 되면서 직업적 근심에 압도당할 위험이 높기 때문이다. 청소년은 자유를 향한 고양된 욕구에 자극을 받아서 모든 구속들로부터 해방되고자 한다. 지나간 유년기의 구속은 물론이고 성인이 된 뒤에 직면하게 될 미래의 구속으로부터도 말이다. 그들의 해방은 이중적이다. 한편으로는 충분히 사회화가 이뤄지지 못한 채 이상화 되어 버린 자신들의 본능을 풀어놓고, 다른 한편으로는 어리석은 어른들의 세계를 개선하려는 열망을 풀어놓는다. 그들은 더럽혀진 삶의 아름다움을 지키는 수호자가 되고, 교육이 자신들의 약동에 저지른 모든 잘못을 완전히 바로잡는 사람이 되고자 한다. 그러나 그들의 본원적 약동은 잘못된 교육 때문에 왜곡돼 본원성을 상실한 탓에, 병적으로 고양된 상태에서 시종일관 저항만 하는 반항적 태도로 표출된다. 개선에 대한 사명감과 이상은 강하지만 이것을 실현하기 위한 노력은 거의 없고 그에 비례해서 본능적 욕망들은 무절제하게 분출된다. 이 욕망들은 자기중심적이다. 만족되지 못하고 인습화돼 버린 부모의 약동이 아이의 약동에 투사되면서 아이의 본능적 욕망이 너무 오랫동안 너무 강하게 억지로 금지당했기 때문이다.

본능을 분출시키는 이러한 반항은, 잘못된 교육이 여러 세대를 거쳐 행해진 결과로 자기 초월의 약동이 고갈되고 과거의 문화적 가치 체계가 와해되고 있는 쇠퇴기 사회에서, 고양된 이상주의에 앞서 나타나는 형태다.

청소년의 반항은 극단적이라는 점에서 자연스러운 인격 발달의 단계라기보다는 미성숙의 증상임을 이해해야 한다. 무력함으로 인한 분노와 폭발적 반항은 두 가지 형태를 취하는데, 하나는 만족되지 못한 약동이 지나치게 이상적으로 고양되는 형태고 다른 하나는 본능을 분출시켜서 약동을 억누르는 형태다. 이것들의 원인은 아이의 인격을 조화롭게 성숙시키지 못한 교육에 있다. 교육은 아이들이 공정한 가치 평가를 하고 자기중심적 정동성을 객관화시킬 수 있도록 이끌었어야 했다. 그리고 유아의 수용적인 사랑의 욕구를 성인의 능동적인 사랑의 욕구(충실, 온정, 관용)로 변환시켰어야 했다. 이상의 과도한 고양과 본능의 뜨거운 분출은 사실상 타협의 두 가지 전형적 형태일 뿐이다.

미성숙한 청소년들은 정확히 이 두 형태를 통해서 사회를 계속 왜곡시키는 성인으로 자란다. 이렇게 성인이 된 이들은 다시 신경증적 유형과 통속화된 유형으로 나뉜다. 신경증적 유형의 성인은 영원한 청소년이다. 만족되지 못해서 고양된 그들의 약동은 기저에 깔린 무력함과 상상적 반항으로 인해서 분노에 차 있다(무력함에 대한 분노는 무의식의 경로를 통해서 점점 심해져 신경증과 정신병으로 발전할 수도 있다). 통속화된 유형의 성인은 약동이 억눌린 사람이다. 그는 기계처럼 일만 하거나 강박적으로 정욕을 발산하며 에너지를 고갈시킨다. 왜곡된 청소년은 부모-성인이 되어 이제는 자기편에서 아이들의 본원적 약동을 짓밟고 공격적인 죄의식·맹목적인 허영심·야만으로 변질된 자신의 약동을 그들에게 강요하게 된다.

성인-교육자의 성격적 왜곡은 선천적 약동의 힘과 가정 환경·사회 환경의 파괴적 영향력에 좌우된다. 선천적 약동의 힘은 본질적이고 적법한 것이며 가정 환경의 영향력은 우연적이고 역사적이다. 본질적 요소인 자기 초월의 약동을 무시한다면 교육의 문제이기도 한 정신의 형성과 왜곡 과정을 제대로 이해할 수 없다. 환경의 영향력은 항상 결정적으로 작용하지는 않는다. 환경은 자신의 약동에 의해서 고무된 사람에게만 영향을 끼친다. 하지만 아이의 약동을 발전적이라고만 주장하는 것은 잘못이다. 환경의 파괴적인 힘이 아이에게 타격을 주는 이유는 아이가 이 파괴적 힘을 잠재적으로 갖고 태어나기 때문이다. 약동의 파괴 가능성이 없다면, 그 당사자와 환경을 왜곡시키는 투사적 자기 변명의 잠재의식적 유혹이 없다면, 어떻게 환경이 파괴적으로 힘을 발휘할 수 있겠는가? 환경은 약동이 조금씩 왜곡돼 있는 사람들로 이루어져 있다. 따라서 환경 구성의 우연적 영향력을 결정하는 것은 바로 약동이라고 하는 본질적 요소다. 교육의 영향은 정신 구조 안에 유전적으로 내재돼 있는 유익한 힘과 왜곡된 힘 간의 갈등을 촉발하는 외적 요인일 뿐이다. 그렇기 때문에 어른들의 사회가 젊은이들에게 부정적인 영향만 주고 있다고 주장하는 것도 옳지 않다. 자기 초월의 약동이 어른들 안에 온전히 살아있는 한, 세대에서 세대로 이어지면서 좋은 문화적 가치들을 만들어 내고 유지시켜준다. 문화가 성장기와 성숙기를 거쳐 쇠퇴기로 접어드는 원인은 약동이 계속 파괴되기 때문이다.

본질적으로 말해서 잘못은 부모-성인에게만 있는 것도 아니고 아이들에게만 있는 것도 아니다. 잘못은 인간 본성에 있다. 삶은 아이들에게 전적으로 책임을 지우고 그 때문에 그들은 성인이 된 뒤에도 충분히 성숙되지 못해 평생 고통을 당한다. 삶은 부모들에게도 전적으로 책임을 지워서, 그들은 자녀가 잘못된 교육으로 인해서 저지르는 비행 때문에 고통을 겪는다. 이런 점에서 삶의 본질적 의미는 일단 전개되기 시작하면 다른 사람들까지 고통스럽게 만드는 우리 안의 잠재적 왜곡을 극복하려는 노력에 있다고 말할 수 있겠다. 이렇게 이해한다면 이 세상에 태어난 사람들은 모두가 삶의 희망을 담지하고 있는 존재다. 인간의 본성은 자기초월의 약동(발전적인 방향으로 적응하는 것)과 인습에 대한 순종(사회의 전통에 순응하는 것) 사이에서 벌어지는 인류 공동의 갈등을 해결하기 위해 정신 내부에서 해답을 찾으려고 하기 때문이다. 과거의 가치들이 적합한 삶의 방향에 부합하지 않아서 사회가 쇠퇴하고 있을 때 이 갈등은 본질적이고 절박한 문제가 된다. 현재의 진화 단계를 보면, 본질적 노력이 대개는 실패로 끝나고 있고 극히 위험한 인습(타인에 대한 비판적 투사와 자신에 대한 부당한 억압)이 보편적으로 우세한 상황이며 사랑의 욕구는 부적절한 동기 형성으로 인한 억압적 투사 때문에 자기중심적으로 변질돼서 사람들과 세대들을 단절시키고 있다. 이것 또한 인간의 본성이다. 그러나 비록 부분적으로 왜곡돼 있을지언정 약동은 현재의 미진한 상태와 이로 인한 고통을 초월하려는 경향이 있으며, 이것 역시 인간의 본성이다.

문제의 핵심

개인과 가족, 사회, 인류의 운명이 걸린 발전적 자

기 초월이 실현되기 위해서는 희망의 샘이 고갈되어서는 안 되며 따라서 가정에서 시작되는 약동의 손실을 막아야 한다. 문제의 핵심은, 성인 교육자들 자신이 유년기에 왜곡된 교육에 노출돼 결함을 갖고 있는 상태여서 이러한 손실이 계속 진행되고 있다는 점이다. 겉으로 드러나는 사실들만 관찰해서는 이 난제를 풀 수 없다. 외부 사실에 대한 관찰은 착시를 일으킬 위험이 있으며, 동기 형성과 그로 인한 반응들은 무의식 깊은 곳에서 형성되기 때문에 다른 분야보다 특히 심리학에서 이런 일이 벌어질 수 있다. 약동과 약동을 왜곡시키는 원인들은 무의식의 깊은 심연에 들어있다. 본원적 약동의 존재가 간과되는 이유는 무의식을 깊이 탐색하지 않기 때문이며, 왜곡된 동기들의 작용과 관련해서도 상황은 마찬가지다. 외부 사실에 대한 관찰과 피상적으로 행해지는 심리학적 관찰은 젊은이들에게서 흔히 나타나는 왜곡을 확인한 뒤 유전적으로 설명하는 것으로 만족한다. 유전적 시각은 발전적 약동을 충분히 고려하지 않으며, 내적인 동기 형성을 경시하는 교육적 오류에 관해서도 진지하게 다루지 않는다. 교육은 이러한 본질적 요소들은 무시한 채 사실상 가장 일반화된 투사 형태에 잘못 근거해서 이루어지고 있다. 다시 말해서 어른들의 왜곡된 약동으로 아이와 젊은이를 평가하는 것이다.

프로이트에 따르자면, 아이는 '다형적(多形的) 성도착자[1]'일 뿐이다-프로이트가 심리학 연구의 진정한 선구자라는 사실을 부정하려는 것은 아니다. 상담을 받으러 오는 부모들의 말을 듣고 있자면, 그들에게 절망감을 안긴 그 아이들은 치유가 불가능한 악마나 다름없다. 사실 아이는 온전한 자신의 약동과 조화로운 관계를 맺고 자신의 사랑의 욕구와도 화해하기를 열망한다. 아이는 노련한 재교육자에게는 매우 유순하다. 하지만 재교육이 긍정적인 결과를 내지 못하

---

1) 프로이트는 성기를 통한 이성애적 성관계로부터 일탈하는 모든 종류의 성적 행동을 도착증으로 보았다. 유아의 성욕은 성기의 기능이 확립되기 전에 발달하고 성기 외에 다양한 성감대와 밀접한 관련이 있다는 점에서 프로이트는 유아가 다형적 도착 경향을 보인다고 설명한다. 그에 의하면, 성도착증의 경향은 정상적인 기질의 일부분으로서 모든 개인의 발달 과정에서 발견된다. - 역자 주

고 극히 피상적인 수준에서 끝나는 경우도 많다. 아이에게는 잘못이 없다. 비록 사랑의 욕구에 깊은 상처를 입고 고통스러워하지만 아이의 약동은 언제나 소생될 준비가 되어 있다. 적어도 재교육 방식에 잘못이 있지 않는 한, 재교육을 실패하게 만드는 가장 큰 요인은 자기애에 빠져서 화가 나 있는 부모의 저항이다. 부모가 능동적이고 진솔하게 교육 방식을 수정하지 않는 한, 아이는 완강하게 버틴다. 재교육자가 내적인 동기 형성의 상황들을 모두 이해하고 개입한다면 부모에 대한 아이의 저항과 재교육자에 대한 부모의 저항을 가라앉힐 확률이 가장 높다. 잠재의식적 동기 형성에 대한 지식을 갖고 있어야 문제의 핵심을 제대로 짚을 수 있다. 그러면 부모와 아이는 일탈적 상황에 대해 깨닫고 이것을 추상적으로 느끼거나 불쾌하게 여기는 대신 진지하게 받아들인다. 이러한 깨달음은 그들이 고통으로 인식했던 무의식적 원인들을 의식의 용어로 번역해 주었기 때문이다. 이 무의식적 원인들은 성적인 콤플렉스[2)]가 아니라 억압된 동기들이 적극적으로 투사된 것이다. 잠재의식적 동기 형성은 사랑의 욕구가 변질된 결과기 때문에 적법한 구성을 갖고 있다(사랑의 욕구에 성적 의미가 가미된 형태는 특수한 사례일 뿐이다). 억압된 동기들에 대한 인식이 있어야 적극적 투사의 폐해를 효과적으로 막을 방법을 찾아낼 수 있다. 이것들의 경로와 도착점을 설명할 수 있을 때 절망의 원인인 방향 상실은 극복될 수 있다. 억압된 동기에 대한 설명은 희망을 일깨우고 아이와 부모 모두에게 약동을 되살려주기 때문이다.

재교육은 많은 가정의 고통을 직접적으로 완화시켜 줄 수 있을 뿐만 아니라 예방 교육학의 기틀을 마련할 수 있는 지식을 축적한다는 의미에서도 매우 중요하다 (지나치게 공상적인 생각일지는 모르겠지만, 사회 차원에서 예비 부모들에게 의무적으로 부모 교육 수업을

---

2) 콤플렉스는 이미지나 원상(元象), 생각의 집합체로서 무의식적으로 강력한 정동적 요소를 포함하고 있으며 개인의 의식적 사고·감정·행동에 영향을 미친다. – 역자 주

듣게 하는 방법도 있다. 이렇게 하면 부모들이 기본적으로 범할 수 있는 교육상의 잘못에 관해 배울 수 있을 것이다).

그러나 재교육의 중요성은 사회의 차원을 넘어선다. 아이들을 건강하게 교육시키는 문제는 인류의 희망과 직결된다. 교육은 인류의 가장 값진 자산인 발전적·문화적 약동을 보호하는 일이기 때문이다.

4. 못된 아이 (사례 연구)

잔 디엘

주느비에브는 만 다섯 살의 여자아이이다. 아이의 부모는 산속에 위치한 큰 별장식 호텔을 운영한다. 나는 두 달 동안 이곳에서 여름휴가를 보내면서 아이를 자세히 관찰할 수 있었다. 아이의 부모는 기본적으로 안정적인 사람들이다. 아빠는 적당히 엄격하고 엄마는 비교적 너그럽다. 이들은 딸을 물질적으로 풍족하게 키우는 편이다. 아이는 조부모로부터도 많은 사랑을 받는다. 하지만 여름에 호텔을 운영하는 시기가 되면 모두가 일에 쫓기고 지친다. 부부는 유능한 경영인이어서 손님에게 최선을 다한다.

주느비에브와 만 두 살짜리 남동생은 스무 살 가량의 가정 교사가 돌보는데, 예쁘고 아이들을 좋아하는 것처럼 보이는 아가씨다.

아이는 내가 그곳에 도착했을 때부터 시선을 끌었는데, 얼굴이 중국 인형처럼 귀여웠고 새카만 커트 머리 때문에 더 귀여워 보였다. 내가 호텔 정원에서 글을 쓰고 있으면 아이는 종종 내 옆으로 다가와서 라이터와 볼펜에 호기심을 보였다. 아이는 점차 대담해져서 내게 질문을 쏟아내기 시작했다. 내가 얘기하기 좋아하는 착한 부인으로 보였는지 아이는 내가 대답을 해주면 잠깐 생각을 하고 나서 다시 "왜?" 하고 물었다. 그 때문에 일에 방해를 받기는 했지만 나는 아이와 같이 대화를 나누는 게 즐거웠다. 나의 이런 태도를 보고 아이는 곧 스스럼없이 굴기 시작했다. 그래서 짓궂게 내 물건을 숨기거나 들고 도망을 치곤했다. 아이의 행동을 묘사하자면, 고양이에 비유하는 게 가장 정확할 것 같다. 고양이는 사람한테 와서 비비고 장난을 치다가 느닷없이 발톱으로 할퀸다. 주느비에브의 경우에는 발톱으로 할퀴는 대신 코를 잡아당기고 목이나 손을 꼬집었다. 그리고는 공격적으로 노려보면서 죄지은 사람처럼 달아났다. 아이가 다시 돌아오면 나는 다 잊어버린 척 다정하게 대해줬다.

투숙객들은 다들 내게 "조심하세요. 저 아이 굉장히 못됐어요. 절대 정상이 아니에요." 하고 말했다. 그리고는 아이가 최근에 저지른 나쁜 짓들을 알려줬다. 영국인 부인의 담뱃갑을 찢고, 초콜릿을 건네는 친절한 노부인의 얼굴에다 침을 뱉고, 물건을 일부러 깨뜨렸다는 등의 얘기였다. (아이는 한 물건에 흥미가 떨어지면 나한테도 "이거 깰까?" 하고 묻곤 했다. 바닥에 놓인 남의 장난감을 보고 "저거 훔칠까?" 하고 물었던 때도 있다.) 어른들은 못된 꼬마와 싸우지 않으려고 아이를 피했다. 아이의 부모도 딸의 공격적인 행동을 잘 알고 있어서 내게 딸을 조심하라고 말했다. 두 사람은 딸 때문에 걱정이 많았고 손님들과도 갈등을 겪었지만 어떻게 딸의 행동을 고쳐야 할지 몰랐다.

다른 아이들과의 관계로 말하자면, 어른들과의 관계와 상황은 비슷했지만 정도가 훨씬 심했다. 호텔에는 만 세 살에서 일곱 살 사이의 아이들이 몇 명 있었다. 주느비에브는 아이들과 친해지고 싶어 했는데 안타깝게도 이 자연스러운 우정은 하루를 넘기지 못했다. 주느비에브는 놀이에 끼지 못했고 꼬마들 사이에서도 "재 못됐어, 같이 안 놀 거야." 하는 말이 흘러나왔다. 아이들은 사실 주느비에브와 오래 놀 수가 없었다. 주느비에브의 공격적이고 짓궂은 행동은 다른 아이들에게 저항과 공격성을 불러일으켜서 아이들 쪽에서 주느비에브를 따돌렸기 때문이다. 주느비에브는 자기 장난감도 있는데 굳이 다른 아이들의 장난감을 뺏어서 혼자 갖고 놀려고 했다. 한번은 주느비에브가 네 살짜리 여자아이와 사이좋게 놀다가 느닷없이 그 아이를 화장실에 가두는 광경을 목격하기도 있다. 두 살 반짜리 아기가 주느비에브 때문에 회전문에 손이 끼려는 찰나에 마침 내가 복도를 지나가다가 구해낸 적도 있다. 주느비에브는 응접실 안에 있었고 아기는 응접실 밖에 있었기 때문에 그런 사고가 생길지 주느비에브는 몰랐겠지만 아기가 응접실에 들어오지 못하게 일부러 문을 닫은 것만은 분명했다. 보나마나 젊은 아기 엄마들 사이에서도 "저 애랑 놀지 마. 못됐어." 하는 말이 나왔을 것이다.

내가 주느비에브와 자주 어울리게 된 배경에는 아이의 이런 사소한 행동들이 있었다. 아이는 또래 친구들로부터 소외를 당하기도 했고 내가 자기 질문에 끈기 있게 대답을 해 줬기 때문에도 내게 끌렸겠지만 무엇보다 라이터가 가장 큰 역할을 했다! 주느비에브가 내게 와서 제일 먼저 하는 말은 '안녕'이 아니었다. 아이는 예의상 해야 되는 인사말은 절대 하려고 하지 않았는데 충분히 그럴 만 했다. 말을 할 수 있게 됐을 때부터 아이는 매일 같이 '안녕하세요, 부인'이라는 인사말을 수도 없이 해야 했다. 이것은 아이의 능력과 이해를 넘어서는 일이었다. 결국 주느비에브는 이런 식의 말을 완전히 거부하게 됐다.

아이는 그 대신 "불 켜 줘." 라는 말로 인사를 했다.

이것은 마법의 언어였다. 라이터 불이 켜지고 황홀한 순간이 끝나면 아이는 또 불을 보고 싶어 했다. 라이터를 켤 때마다 가스가 닳고 가스를 다 쓰면 시내로 나가서 라이터 가스를 채워야 하기 때문에 며칠 동안 라이터 불을 켤 수 없다는 사실을 이해시키느라 나는 아이와 한참 얘기를 해야 했다. 아이는 계속 물었고, 아이의 머릿속에서 초보적인 이 인과 관계가 라이터의 황홀경을 밀어낸 뒤에야 질문은 끝이 났다. 주느비에브는 내가 라이터 불을 켜는 모습을 여러 번 보고 나서 자기도 직접 해보고 싶어 했다. 몇 번의 실패 끝에 마침내 불을 켜자 무척 기뻐하고 뿌듯해했다. 그날부터 인사말이 바뀌었다. "내가 불 켜는 거 보여 줄게." (아이는 이 말 속에 자기의 행동, 즉 이제 라이터를 켤 사람은 자기라는 사실을 담았다.) 이것은 욕망의 분출이자 우리 관계에 처음으로 갈등을 일으킨 원인이 됐다. 라이터를 켤 줄 알게 되자 아이는 더 많은 것을 바랐다. 라이터 불을 수도 없이 켰고 라이터를 들고 도망을 치기도 했다. 그런 짓을 하면 라이터 불을 켜지 못하게 할 테고 라이터는 담뱃불을 붙일 때만 켤 수 있다고 하자 아이는 제 딴에는 논리적으로 규율과 욕구 사이에서 재빨리 타협점을 찾아냈다. 내게 담배 세 대를 연달아 피워 보라고 제안했던 것이다. 이 꾀가 통하지 않자 아이는 내가 담배 한 대를 다 피울 때까지 끈기 있게 기다리고 있다가 담뱃불이 꺼지기도 전에 또 한 대를 꺼내라고 고집을 부렸다. 일에 집중해야 할 때 아이가 계속 매달리고 떼를 부려서 내가 본의 아니게 짜증을 내며 거절을 했던 모양이다. 편안하고 친절한 설명은 우리를 이어주는 끈이었고 나를 아이의 친구로 만들어 줬던 것이었다. 그런데 암묵적인 이 신뢰가 돌연 깨졌다. 아이는 분노했다. 창백해진 얼굴로 입술을 꼭 다문 채 주느비에브는 완고한 표정으로 나를 째려보더니 마치 고양이처럼 내 지우개를 낚아채서 자갈밭에 던져버렸다. 나는 무덤덤한 말투로 아이에게 지우개를 주워 오라고 말했다. 아이는 지우개를 줍더니 다시 더 멀리 던지고 달아나 버렸다.

이때부터 주느비에브는 나를 피했고 우연히 마주칠

때면 마치 죄지은 사람처럼 거북한 표정을 지었지만 나는 못 본 척 했다. 이런 식으로 조용히 며칠이 흘렀다. 나는 기다렸다. 어느 날 아침 아이가 "내가 불 켜는 거 보여 줄게." 하고 수줍게 아는 체를 했다. 나는 차분하게 대답했다. "네가 먼저 해줄 게 있어. 내 지우개 찾아와. 그럼 라이터 줄게." 이 말에 아이는 달아나 버렸다. 나는 주느비에브가 자갈밭에서 지우개를 찾아내지 못하리란 걸 알았지만 아이에게 책임감을 일깨워 주고 싶었다. 며칠 동안 계속 같은 요구에 같은 대답이 이어졌다. 내가 더는 그 얘기를 하지 않는데도 아이는 숨었다. 죄를 지은 듯 난처해하는 아이의 작은 얼굴은 이 상황에서 어떻게 빠져나갈지 아이가 모르고 있다는 것을 분명하게 보여 주고 있었다. 하지만 나는 아이를 도울 수 있는 기회를 기다렸다. 얼마 지나지 않아 기회는 왔다. 나는 호텔 스탠드바로 들어가는 계단 옆의 테라스에서 커피를 마시고 있었다. 아이는 나를 보더니 곧장 스탠드바로 들어갔다. 아이가 세운 계획은 반(半)무의식적인 것이었다. 아이는 어떻게든 나를 중립적인 상태에서 끌어내야 했다. 호랑이를 잡으려면 호랑이 굴로 들어가야 하는 법. 잠시 후에 아이는 빵을 집어 들고 계단으로 나와서 신경질적으로, 보란 듯이, 고집스럽게 빵을 잘게 뜯더니 나를 향해서 도발적으로 빵 조각을 던졌다. "나 하는 거 봐라." "음, 착한 애들은 하지 않는 짓을 하네." "왜?" "너는 매일 맛있는 걸 먹지만 네 또래 애들 중에는 빵도 못 먹는 애들이 있거든. 도시에 나가면 배고픈 아이들이 있는데 걔네들한테는 네가 방금 버린 빵 조각이 맛있어 보일거야." 아이는 진지한 말투로 계속해서 "왜?"라는 물음을 이어갔다. 나는 차분하고 세심하게 대답을 해줬다. 아이는 곰곰이 생각을 하면서 내 말을 유심히 듣더니 "아기 예수님이 방금 나 봤을까?" 하고 물었다. "그럼. 예수님은 모든 걸 다 보시는 걸." 아이는 다시 조용해졌고 당황한 기색으로 마지막 공격을 시도했는데, 체면을 잃지 않으려고 하는 형식적인 공격이었다. "그럼, 주워." 하고 아이가 살짝 도발적인 말투로 말했다. "나쁜 짓은 네가 해 놓고 왜 나더러 그

걸 고치라고 해?" 아이는 말없이 빵 조각을 주워서 내가 권유하는 대로 암탉들한테 갖다 줬다. 그리고는 후련한 표정으로 미소를 지으며 다시 내게 왔다. 나는 잘했다고 아이를 칭찬해준 뒤에, 착한 일은 나쁜 일을 잊어버리게 만들 수 있다고 말하면서 아이에게 라이터를 내밀었다.

다음 날 주느비에브는 "내가 불 켜는 거 보여줄게." 하고 내게 밝게 인사를 했다. 그리고 라이터를 켜자고 고집을 피우지 않고 옆에서 조용히 내 연필들을 하나씩 꺼내 썼다. 그러다가 문득 도토리만한 작은 지우개를 보게 됐다. 아이는 그걸 가만히 쳐다보더니 물었다. "지우개가 왜 이렇게 작아?" 그건 나보다 네가 더 잘 알지 않느냐고 나는 대답했다. 그 작은 지우개는 아이가 말썽을 부린 뒤에 아이 엄마가 내게 준 지우개였다. "지우개가 그렇게 작으면 일 못해." 나는 지우개가 작아도 잘 지워지고 한참 더 쓸 수 있다고 아이에게 말해줬다. 아이는 아무 대꾸도 없이 어딘가로 갔다. 그리고 삼십 분쯤 뒤에 나한테 뛰어와 큼지막한

새 지우개를 탁자에 탁 내려놓으면서 의기양양하게 말했다. "엄마가 이 지우개 주래. 작은 걸로는 일 못한대." 아이의 태도가 너무 완강해서 나는 지우개를 받았다. 그것을 거절하면 아이 안의 작은 야생 고양이를 깨울 것 같은 느낌이 들었다. 나는 아이에게 아주 고맙다고, 작은 지우개도 좋지만 이것도 잘 쓰게 될 것 같다고 말해 줬다. 아이는 환한 표정으로 내 곁을 떠났다.

지우개의 출처에 관해서는 대강 짐작이 갔지만 그래도 확실히 하고 싶었다. 그래서 아이 엄마에게 물어봤다. 생각했던 대로 아이 혼자 한 짓이었고 지우개도 사무실에서 훔친 것이었다. 내가 자기를 공정하고 친절하게 대한다는 사실을 아이가 다소간 의식적으로 깨닫게 된 그날 이후로 나에 대한 아이의 우정은 확고해졌다. 아이는 나를 몹시 즐겁게 해 주고 싶어 했고 그래서 내가 원하는 것은 무조건 들어줬다. 주느비에브는 변덕이 심했지만 고집을 부리지 않으려고 노력했다. 아이는 내가 약속을 지키고 믿을 수 있는 사람이라는 사실을 분명히 깨달은 것 같았다. 내가 자기를 가능한 받아준다는 사실도 알았고 그래서 내가 안 된다고 하면 고집을 부리지 않았다. 나는 주느비에브로부터 믿음을 얻었다. 심지어 라이터에 대한 아이의 무한한 욕망까지 통제할 수 있었다. 주느비에브는 여전히 하루에도 여러 번 라이터를 켜고 싶어 했지만 내가 일할 시간이 됐다고 하면 더 고집을 피우지 않고 화를 참으며 얌전히 다른 데로 갔다. 야생 고양이 같이 구는 일도 별로 없었다. 하지만 가끔은 고양이 같은 행동이 다시 나타나기도 했는데 이제부터는 그 얘기를 해볼까 한다. 아이의 새로운 태도는 당연히 아직 불안정했다. 반응적 습관들이 하루아침에 완전히 사라질 수는 없는 법이다. 나는 환경이나 부모에 개입할 권한이 없었기 때문에 이 짧은 재교육 실험은 전적으로 내 수완에 달려 있었다. 나는 오로지 나를 향한 아이의 태도에 대해서만 영향을 미칠 수 있었다. 아이의 예전 습관이 곧 다시 나타난 것은 내게 주어진 권한이 없었기 때문이다. 어느 날 주느비에브는 적절하지 않은 시간에 나를 만나러 왔는데 내 말투에서 내가 자기를 건성으로 대하면서 대화를 빨리 끝내고 싶어 한다는 느낌을 받았던 것 같다. 그렇다고는 해도 아이의 공격적인 반응은 너무 갑작스러웠다. 다음에 얘기할 사소한 사건은 아이가 마침내 책임감의 의미를 어느 정도 깨닫게 됐다는 것을 보여준다.

그날은 라이터에 가스가 떨어져서 성냥을 쓰게 됐다. 나는 아이가 원하는 대로 성냥을 안전하게 켜는 법을 가르쳐 줬다. 아이는 방법을 금방 터득해서 불꽃이 일어날 때 재빨리 손가락을 뗐다. 새로 터득한 그 기술은 라이터 사용법보다 어려워서 아이는 흥분했다. 그 성취는 어른들의 세계에 한발 더 다가갔다는 것을 의미했기 때문에 아이는 자부심을 느끼며 몹시 기뻐했다.

주느비에브는 기고만장해졌다. 그 순간에 아이의 욕망을 거부해서는 안 됐는데 공교롭게도 나는 그러지 못했다. 담뱃갑에는 담배가 한 대밖에 남아있지 않았다. 아이의 기쁨을 방해하지 않으려고 나는 아이가 해달라는 대로 벌써 담배를 필요 이상으로 핀 참이었다.

아이는 마지막 담배도 피라고 고집을 부렸다. 나는 짜증을 내며 쌀쌀맞게 거절했다. 명령조로 말하면 아이의 신경질과 고집은 극단적으로 심해지기 때문이었다. 주느비에브가 속해 있던 사회의 어른들은 아이를 말로 차근차근 설득시킬 시간적 여유가 없었다. 그들의 교육은 아이의 길들지 않은 욕망과 충돌했고 '왜'라고 묻는 아이의 궁금증들을 만족시켜주지 못했다. 아이의 지적 수준에 맞춰서 끈기 있게 대답해 준 것, 선행과 악행 사이에서 자유롭게 선택하게 해 준 것, 허용되는 일과 금지되는 일을 확실하게 구분해 준 것, 각각의 경우에 따라서 일어날 수 있는 결과를 분명하게 설명해준 것이 아이가 나를 신뢰하게 된 근거였다.

어찌됐건 내가 적절치 않게, 아니면 노련하지 못하게 거절을 하자 이 야생 고양이는 마지막 남은 담배를 홱 낚아챘다. 그리고 마구 뜯어서 땅에 던지고 짓밟으며 도발적인 눈초리로 나를 째려봤다. 하지만 당황한 기색이 이어 아이의 태도에서 드러나고 있었다. 내가 보인 반응은 아이의 감정을 가라앉혔다. 나는 최대한 자연스러운 말투로 주느비에브에게 말했다. "네가 담배를 버려놔서 이제는 불 못 붙여. 절대로. 담배 한 대는 막대 사탕 하나 값이야. 너는 지금 막대 사탕을 버린 거나 똑같아. 그리고 나쁜 짓을 하면 책임을 져야 돼. 내가 오늘 담배를 새로 사도 너한테 불을 켜게 하지 않을 거라서 우리 둘 다 재미있게 놀지 못할 거야. 하지만 지금부터 네가 현명해지면 내일 다시 아무 때나 성냥불 켜게 해 줄게." 아이는 대들지 않고 조용히 내 말을 들었고 부끄러운 듯이 살짝 웃더니 다른 데로 갔다. 저녁 내내 아이는 내게 아무것도 요구하지 않았다. 다음 날 아침 아이는 우리가 항상 만나던 호텔 정원에서 나를 기다리고 있었다. 아이는 먼저 나를 꼭 껴안고 나서 곧바로 "오늘 내가 불 켜도 돼?" 하고 물었다. "당연하지, 내가 약속했고 너도 어제부터 착해졌잖아." 이 사소한 사건을 끝으로 주느비에브는 나한테 더는 공격적으로 행동하지 않았다.

남편(폴 디엘)은 정원에서 일을 하지 않았기 때문에 주느비에브가 남편을 볼 일은 거의 없었다. 하지만 가끔 마주치는 일은 있었는데 아이는 남편에게서도 나와 비슷한 태도를 느꼈던 것 같다. 어느 날 남편은 아이 뒤를 따라가게 됐다. 아이는 남편을 보지 못했고 그래서 남편은 아이에게 자기가 있다는 것을 알리려고 아이의 머리카락을 살짝 잡아당겼다. 아이는 침울한 눈빛으로 홱 돌아보며 할퀼 자세를 취했다. 하지만 그 전에 이미 남편의 손이 아이의 머리카락을 다정하게 쓰다듬고 있었다. 그러자 공격적인 표정이 없어지면서 그 대신 환한 미소가 떠올랐고, 아이는 자기를 쓰다듬는 그 손을 자연스럽게 꼭 안았다.

지금까지 요약한 주느비에브와 나 사이의 갈등은 내가 호텔에 묵었던 처음 두 주 동안에 벌어졌던 일이다. 그 뒤에는 우리 사이에 더는 문제가 일어나지 않았다.

하나의 예를 가지고 일반론을 도출해 낼 수 있다고 가정한다면, 사실상 못된 아이는 없다는 결론을 이 이야기에서 끌어낼 수 있겠다(기질적 결함이 있는 일부 비정상적인 아이들의 경우는 예외다. 그렇지만 대체로 같은 맥락에서 이 아이들에게도 책임을 물을 수는 없으며 따라서 이런 수식어는 적절치 않다).

그러나 아이를 지나치게 이상화하는 것은 큰 오류일 뿐더러 인간에게는 저마다 부적절한 동기 형성과 부적절한 의도가 선천적으로 내재돼 있다는 사실을 망각해서도 안 된다. 아동의 경우에 부적절한 의도는 부적절한 행동을 통해 시작되며, 부모가 교육적으로 부적절하게 개입하게 되면 이 행동은 습관으로 고착될 위험이 있다. 부모가 미숙하거나 바쁜 경우에는 특히 그렇다. 하지만 부모를 너무 비난하지는 말아야 한다. 아무도 그들에게 실수를 지적해 주지 않았으니까 말이다.

이 부분과 관련해서는 주느비에브의 전반적인 생활 환경에 대해 설명을 약간 덧붙이는 게 도움이 될 것 같다.

아이는 겨울에 마을로 내려가서 지낼 때가 훨씬 좋다는 말을 여러 차례 했다. 아이가 겨울을 특별히 좋아한 까닭은 아마도 겨울이 되면 다른 아이들처럼 가족끼리 평범하게 생활할 수 있었기 때문인 것 같다(아이 부모는 여름에만 호텔을 경영한다). 아이는 호텔에서 지내는 시간이 별로 즐겁지 않다. 가정 교사는 거의 남동생 차지다. 호텔에는 주방과 스탠드바의 직원들 외에도 객실 담당 종업원 네 명과 여자 종업원 세 명이 있다. 아이는 여기저기서 잔소리와 꾸지람을 듣는 데다 집에서처럼 편안하게 머물 장소가 없다. 그리고 특히 부모의 관심을 받지 못한다. 주느비에브는 부모가 손님들을 중요하게 생각한다는 사실을 확실하게 느낀다. 내가 관찰한 바로는, 아이는 남동생을 무척 사랑하며 질투도 하지 않는다. 하지만 자기한테서 부모를 빼어간 손님들은 무의식적으로 그리고 병적으로 질투한다(아이가 투숙객들을 대하는 태도는 이것으로 어느 정도 설명된다).

사람들은 주느비에브의 매력적인 외모에 반해서 처음에는 아이를 무조건 칭찬하며 예뻐한다. 이 또래의 아이들은 상황을 잘 이해하지 못해도 느낌으로 모든 것을 파악한다. 그래서 사람들의 다정한 말 속에서 (호텔 주인의 딸이라는 사실을 고려한) 복종의 기미를 느낀다. 아이는 그러지 않아도 호의와 애무에 굶주렸던 차라 곧바로 이 점을 이용해서 더 많은 것을 얻어내고자 한다. 투숙객들이 자기한테 약간이라도 실수를 하면 그들에 대한 잠재의식적 질투 때문에 아이는 공격적으로 돌변한다. 어른들은 주느비에브에게 손님들을 존중하라고 가르쳤지만 아이는 무의식적으로 그들을 혐오한다. 그들이 자기 부모를 뺏어 갔기 때문이다.

아이는 아침부터 저녁까지 혼자 방치돼서 할 일 없이 떠돌아다닌다. 모두에게 거의 잊힌 존재로, 지금까지 자기를 애지중지하던 어른들로부터 소외당한 채로. 아이는 사람들의 눈길을 끌고 싶다. 이 또래의 아이가 할 수 있는 일이라고는 최대한 짓궂은 짓을 하는 것 말고 뭐가 있을까? 아이는 하루 종일 그림자처럼 사느니 차라리 못됐다는 말을 듣는 편이 좋고 그래서 자기에게 주어진 역할을 최대한 이용한다. 말썽을 피워서 어른들이 화를 내며 야단치면 사람들의 주목을 받게 되고, 아이는 마치 어른들의 반응을 실험이라도 하듯 다시 더 심술궂고 무례한 짓을 저지른다. 사실 이렇게 해서 형성되는 것은 악순환이다. 아이는 사람들로부터 무시당하기 때문에 공격적이 되는데 공격적이라는 이유로 사람들에게 다시 무시당하게 되는 것이다. 악순환은 나선을 그리며 돌아간다. 애정에 굶주린 아이는 원하는 것을 얻지 못하자 애정이 필요 없는 척 위장한다. 주느비에브는 못된 아이의 역할을 즐긴다. 못된 행동은 하나의 존재 방식이고, 무시당한다고 느끼는 사람이 자기 존재를 부각시키는 방법일 수 있다.

주느비에브는 환경 때문에 아이들과의 관계에서도 손해를 본다. 아이들은 호텔에 오래 머물 때도 있지만 주로 며칠 또는 몇 시간만 머문다. 주느비에브는 호텔에 머무는 아이들과 친근한 관계를 유지하기 어렵다. 관계가 맺어질 만하면 끝나기 때문이다. 아이의 기대는 금방 깨져 버린다. 주느비에브가 가끔 친구를 만든 경우에도 투숙객 부모들은 외출할 때 주느비에브를 데리고 갈 생각은 하지 않는다. 혼자 남은 주느비에브는 실망감을 느끼며 심심함을 달래줄 오락거리를 다시 찾아 헤맨다. 이런 상황은 아이로 하여금 종종 열등감을 느끼게 해서, 아이는 다른 아이들에게 유난히 잘난 척을 하며 거만하게 군다. 주느비에브는 자기가 놀이를 주도하지 못하면 놀려고 하지 않는다. 다른 아이들이 자기의 변덕을 받아 주지 않으면 토라지거나 공격적으로 돌변한다. 아이는 자기가 호텔 주인의 딸이라는 사실을 행동이나 말로 드러내고 싶어 한다. 그리고 호텔을 구석구석 잘 알고 있어서 아이들을 데리고 다니다가 아무 데나 가두거나 들어가지 못하게 막을 수 있는 권리도 있다고 생각한다. 아이는 다섯 살짜리가 생각해낼 수 있는 모든 방법으로 '잘난 척'을 하고 싶어 한다. 제멋대로 호텔의 어린 주인 짓을 하는 것이다. 주느비에브의 짓궂은 공격성은 다른 아이들의 공격성을 일깨워서 아이들 쪽에서도 반격을 한다. 그러면 주느비에브는 화가 나서 놀이에서 빠져 달아나 버린다. 아이는 제 스스로 아이들로부터 떨어져 나오고 아이들도 주느비에브를 배척한다. 소외의 고통은 주느비에브를 더 공격적으로 만든다. 아이는 적개심 때문에 더 굉장한 복수를 꿈꾸게 된다. 고독이 환상을 부추기면서 아이 속에 자리를 잡는다. 앞에서 언급했던 대로 주느비에브는 남동생에게는 다정하고 모성적이다. 그즈음에는 세 살 반짜리 사촌 동생과도 부쩍 친해져서 하루 종일 같이 붙어 다녔다. 주느비에브는 사촌 동생을 깊은 애정을 갖고 대한다. 그래서 동생에게 군림하는 법 없이 동생이 하자는 대로 다 들어주고 따라서 사촌 동생 편에서 보자면 '못된 아이'는 다정하기만 한 누나다. 하지만 남동생과 사촌 동생은 손님이 아니다. 주느비에브에게 상냥한 면이 있다는 사실은 의심할 여지가 없으며 아이가 보이는 몇몇 반응들은 이 점을 확실하게 뒷받침해 준다.

정상적이지만 소위 못됐다고 하는 아이들은 극도로 예민하다. 주느비에브가 자신의 심술궂은 언행 때문에 고통을 당하고 있다는 사실 또한 의심할 여지가 없다. 아이는 악순환에 빠져 있고 여기에서 나오고 싶어 한다. 나는 주느비에브가 노력을 할 때마다 너는 상냥한 아이라고 말해 주곤 했다. 나를 믿는 아이의 시선은 평화로워 보였다. 주느비에브가 보는 앞에서 사람들이 내게 아이가 못됐다고 말할 때면 나는 평소에는 상냥하다고 대답했고 그러면 아이의 표정이 눈에 띄게 밝아졌다.

못된 언행이나 공격성은 가장 확고한 성격적 특성으로 간주되며 심지어 선천적 특성으로 여겨지기까지 한다. 일부 사람들은 이것을 본능이라고 주장한다. 이 사례 연구는 동기 심리학[1]에 준거하고 있으며 사례 자체는 평범하다. 동기 심리학에 따르면, 부적절한 동기 형성의 산물인 공격성은 본능이 아니다. 이것을 더 명확히 설명하기 위해서 폴 디엘의『교육과 재교육』의 일부를 인용한다:

심리학은 거의 습관적으로 정의하기 어려운 기능은 모두 '본능'이라고 부른다. 무의식에서 형성되는 기본 욕동들(성과 섭식)과 잠재의식에서 형성되는 악의적 태도들이 이 용어에 의해서 동일한 항목 아래 혼재돼 있다. 강압적 공격성도 정확히

---

1) 동기 심리학은 인간 행동의 원인적 측면을 분석하는 학문으로서, 동기가 인간 행동의 흐름에 어떤 식으로 관여하고 어떤 영향을 끼치는지 그리고 어떤 이유로 행동의 강도가 변동하는지 등에 관해서 연구한다. – 역자 주

이 경우에 해당한다. 본능은 이론을 세우는 데 쓰이는 일차적 자료며 규정하기 어려운 것인 반면, 강압적 공격성은 인간적 차원에서 나타나는 것으로서 불완전한 정신 기능의 부작용이다. 이것은 부적절한 동기 형성에 속한 문제며 따라서 비난의 소지가 있는 하나의 성향일 뿐이다.

프로이트에 따르면, '공격 본능'은 '성 본능'과 달리 무의식이 아니라 '자아'의 성향에 속한다. 그런데 자아는 본능적 삶과 대립되는 의식의 심역이다. 나는 의식이 어떻게 본능을 만들어 낼 수 있는지 이해할 수 없다. 우리가 잘 알다시피 프로이트는 공격성을 일차적 자료로 채택하지 않았다. (인간의 삶에서 큰 부분을 차지하는) 물질적인 것을 획득하기 위한 투쟁은 생명력을 충분히 설명해 줄 수 없으며 성욕만 생명력의 유일한 근원이라고 가정했기 때문이다. 정확히 동일한 이유에서 아들러는 성 '본능'을 지배 '본능'으로 보완 또는 대체했다. 인간적 차원에서 살펴봤을 때 사회 현실에 적응하는 과정에서 공격성이 나타나는 것은 사실이다. 이 공격성은 재화(財貨)를 획득하기 위한 투쟁에서 비롯되는 것이며 따라서 사회 현실은 확장된 영양 섭취의 영역에 속한다고 하겠다. 그런데 다른 종의 동물들만 위협하는 동물의 본능적 공격성과는 달리 인간의 공격성은 같은 인간을 향한다. 본능이라고 판단되는 동물의 공격성으로부터 인간의 공격성을 유추하는 것이 근본적으로 틀린 이유는 바로 이 일탈적 특성 때문이다. 사람들이 장기간의 권력과 지배를 꾀하는 배후에는 사실상 매우 복잡한 일련의 동기들이 작용한다. 강압적 공격성은 유아기부터 시작되며 다양한 형태로 분화된다. 이 형태들에서 공통으로 나타나는 '권위 과시 전략'은 사회의 생활 방식을 결정짓고 사회들 간에 갈등을 불러일으킨다. 강압적 공격성이 고양된 상태에서 권위와 안전을 쟁취하기 위해 벌이는 투쟁은 만족을 얻기 위한 부적절한 술책에서 기인하는 것으로서, 이 술책은 애정의 관계를 파괴한다. 사악한 쪽으로 고양된 인간의 공격성은 양가성의 법칙에 영향을 받는다. 비현실적으로 고양돼서 무력해진 이상적 사랑이 고양된 공격성과 대비를 이루는 것이다. 모든 양가적 표현들은 자연스러운 감정을 병적인 원한으로 바꾼다는 점을 고려한다면, 인간의 공격성은 다양한 범주의 부적절한 동기 형성으로 설명될 수 있는 행위다. 인간의 공격성은 비난의 소지가 있는 행위로서 교만한 야망·악의적 비난·감상적 자기 연민에서 비롯되는 것이다.

내가 주느비에브에게 관심을 보인 뒤로 아이의 행동이 나에 대해서뿐만 아니라 전반적으로 조금씩 개선된 것 같았다. 이것을 검증하기는 어렵지만 어쨌든 투숙객들이 내게 주느비에브에 대한 험담을 하는 일이 줄었고 아이의 부모도 주느비에브가 많이 달라졌다고 말했다.

환경의 변화와 지속적인 도움 없이는 주느비에브가 그 또래 아이에게서 기대할 수 있는 정도의 상냥함과 안정감에 도달하기는 어려울 것이다. 상담을 통해서 아이에게 개입하고 부모가 협조해 줄 때 비로소 아이의 행동은 확실하게 개선될 수 있다.

5. 삶의 동반자 선택: 문화의 방해

1968년에 있었던 한 강연에서 다음과 같은 질문을 받았다:

자녀가 배우자를 선택하는 데 있어서 부모가 자녀를 어떻게 그리고 어느 정도까지 도와줄 수 있을까요?

이 질문을 해주신 분께 감사드린다. 이것은 말하자면 삶의 문제를 포괄하는 질문이라고 하겠다.

부모는 자녀의 물질적 미래를 걱정하고, 자녀를 사랑하는 마음에서 자신들이 생각하는 최선의 해결책으로 자녀를 이끈다. 이를테면 물질적 안정, 사회적 지위, 건강 같은 것들을 고려한다.

배우자를 선택하는 문제는 물질적 측면(공동생활에서 당연히 요구되는 물질적 기반)과 성적 측면도 있지만 정신적 측면도 있다. 물질적 문제와 성적 문제는 정신적 문제이기도 하다. 여기서 말하는 문제란 우리의 욕망들을 의미하는데, 욕망은 우리가 이것들을 내면화함으로써 정신적 문제로 변한다. 따라서 성과 물질에 가치를 부여하는 것은 우리의 정신이고, 이 가치 부여는 부적절할 수도 있고 적절할 수도 있다. 성을 유일한 삶의 근원으로 여기는 것은 대단히 잘못된 생각이다. 성 외에 영양 섭취·번식·보존도 삶의 근원이 분명하다. 동물의 경우에는 욕동이 아무런 문제가 되지 않는다. 동물의 본능적 정신은 그들이 반드시 해야 할 것을 하게끔 부추긴다.

선택과 이념

배우자의 선택은 삶에서 가장 중요한 일이며 책임

을 전제한다.

배우자를 선택하는 일이 어려운 이유는 그 기저에 부적절한 동기들이 형성돼 있기 때문이기도 하지만 다양한 가치 판단과 이념들이 사방에서 젊은이들을 자극하기 때문이기도 하다.

그런데 이 시대의 이념들은 모순적이다. 가치가 타락하는 이유는, 과거의 가치 체계가 유지되지 못하기 때문이기도 하지만 생물학적 근거에서 비롯된 가치들이 도덕주의로 변질됐기 때문이기도 하다. 도덕주의는 물질적 욕망과 성적 욕망을 억압하는 것으로, 욕망을 모조리 발산하면서 정당화하는 성향인 무(無)도덕주의와 대립한다. 무도덕주의는 죄의식을 억압함으로써 강박적으로 강화된다.

인간은 사회의 기본 단위인 가족에 소속되는 동시에 사회 자체에도 소속되는데, 사회가 중시하는 가치들은 부적절하고 모순적일 때가 많다. 그 때문에 배우자를 선택하는 문제를 포함해서 삶의 문제 전체가 부적절한 해결책으로 이어질 위험이 있다.

배우자를 선택하는 일은 극히 생물학적인 조건 하에서 이루어진다. 번식 문제에 관한 한 삶은 가능한 한 최선의 해결책을 추구하기 때문이다. 삶은 인간에게 선택을 강요한다. 어느 사회에서나 선택은 개인의 책임을 전제한다. 과거 사회에서는 대부분 여자가 남자에게 복종적이었지만 오늘날은 여자와 남자가 동등한 권리를 갖는다. 현 사회에서 남녀는 적어도 법적으로는 동등하다. 자기가 사랑하는 사람을 자유롭게 선택할 수 있어야 아이를 낳을 수 있기 때문에 생물학적 발달은 당연히 중요하다. 두 사람 가운데 한 명이 충분히 발달하지 못했다면 생명을 창조하는 일이 원활하게 이루어질 수 없다. 배타적으로 한 사람만을 선택하는 것은 욕망이 과도하게 증식되는 것을 방지한다는 점에서 생물학적으로 깊은 의미가 있다. 한 사람만 선택함으로써 성적 욕망은 특정인에게 한정되고 상상을 통해 다른 사람들에게 확산되지 않는다. 이것은 기본적인 생물학적 기능과 관련된 문제다.

현대 사회에서는 좋은 상대를 선택해서 관계를 지

속하고 상상에 의한 일탈 없이 관계에 충실하기가 매우 어렵다. 지금부터 이 문제를 구체적으로 살펴볼까 한다.

배우자의 선택은 기본적으로 아이를 낳는 일, 즉 생존과 창조에 관련된 문제이기도 하지만 한편으로는 충실한 관계를 통해서 두 사람의 성격이 형성되고 부모로서 만족감을 느끼는 것과 관련된 문제이기도 하다.

인간은 다양한 관습을 가진 사회 집단에 소속된다. 각 사회 집단이 채택하는 가치들은 생물학적 근거에서 출발하는데 점차 사회화되면서 제도로 바뀌고 결국에는 강제적인 것으로 변한다. 그 결과 가치의 생물학적 근거는 사라지고 특히 실용적인 의미만 남게 된다.

'에토스' 즉 도덕은 생물학적 근거에서 나온 것이다. 실용성에 근거를 둔 것들은 자칫 개인을 외적으로 구속하는 도덕주의로 바뀔 위험이 있다. 이렇게 되면 가치는 사회적으로 강요되는 도덕주의로 전락해서 가치에 내재돼 있는 고유한 의무를 표현하지 못하게 된다. 이런 상황이 되면 사람들은 당연히 가치에 맞서고 반항한다. 그들은 생물학적 근거에서 나온 가치들을 따르는 적절한 해결책 대신, 즉각적 쾌락 욕구를 중심 가치로 삼는 부적절한 해결책에 관심을 갖는다. 그들의 눈에는 생물학적 근거에서 나온 가치들이 삶의 창조적 힘으로 보이지 않고 개인의 욕구에 비해서 무력한 것으로 비친다.

따라서 현재 가장 중요한 일은 사회의 가치들을 다시 정립하고 그것들의 생물학적 근거를 되살리는 것이다. 이 일은 단기간에 이뤄질 수 없으며 몇 세기가 걸리는 작업이다.

이상과 반(反)-이상

현재 우리 앞에는 삶의 문제에 대한 부적절한 해결책들이 놓여있다. 이중에서 성의 차원을 살펴보면, 사회가 내세우는 거짓 가치들에 맞서서 대단히 무분별한 상황이 벌어지고 있다. 이 모든 상황은 잠재의식적으로 이루어지고 있다. 사람들은 모두 잠재의식을 갖고 있지만 대부분은 이 사실을 모른다. 잠재의식은 우리가 접하고 있는 소설이나 영화 등에서 뚜렷이 드러난다. 소설과 영화는 종종 대단히 원시적인 형태의 폭력과 성적 매력을 주제로 다룬다. 이런 원시적 형태가 건강한 관계 안에 포함되는 경우에는 적절하고 적법하지만 유일한 이상이 되는 경우에는 부조리하고 비상식적이 돼 버린다. 그런데 비상식적인 거짓 가치들과 대립하고 있는 상황에서는 이것이 비상식적으로 느껴지지 않는다. 영화에서 남성다움은 폭력적 언행·성과 연결되는데 이때의 성은 이를테면 포주와 매춘부 같은 매우 저속한 형태로 묘사된다.[1)]

모순되는 이상들 사이에서 선택을 하지 못하고 망설이는 신경증 환자의 병적 무력함과 비교했을 때 원초적이고 폭력적인 이 관계는 심미적이고 매력적인 면이 있다. 가치를 추구하는 청소년기의 경우에 신경증이 있는 남성은 여성을 이상화하고 여성도 남성을 이

---

1) 폴 디엘이 이 글을 발표했던 시기에는 텔레비전이 요즘처럼 영향력이 크지 않았다. 이 당시 프랑스에는 공영 채널이 두 개밖에 없었다.

상화한다. 이들은 상대의 이상화된 모습을 숭배하면서 상대에게 애원한다. 그러나 진정한 성적 대상화는 정확히 말해서 애원하는 것이 아니라 정복하는 것이다. 상대를 이상화한다는 것은 그 사람을 대상화하지 않는 것이다. 이것은 신경 쇠약의 한 형태로서 정신 질환에 속한다. 정욕을 발산하면서 이것을 정당화하는 통속화, 다시 말해 정신을 평가 절하하는 것도 마찬가지다.

자신의 고양된 상상력을 통제하지 못하는 사람은 배우자를 선택하는 능력을 잃거나 잃을 위험이 있다. 그는 필시 성적으로도 무력해질뿐더러, 배우자를 선택해서 결혼 생활에 충실하게 몰두할 수 있는 힘도, 아이의 몸과 영혼을 창조하는 능력도 잃는다. 그는 상대를 자기보다 높은 곳에 올려놓기 때문에 그 사람을 정복할 능력이 없다. 우리는 당연히 상대를 동등한 존재로 생각해야 하지만 현실을 벗어날 정도로 이상화하는 것은 상대에게 지나친 권리를 부여하는 것이다.

한편, 일부 영화에서는 애원이 부재하는 사랑의 형

태를 보여준다. 애원과 반대로 이 사랑은 불평등하고 폭력적이며 냉소적인 정복을 추구한다. 애원을 하느라 성적으로 억압되어 있는 사람들의 눈에는 잠재의식적으로 이 냉소주의가 대단히 매력적인 반(反)-이상으로 비춰진다. 영화는 반-이상을 새롭게 만들어 내는 대신에 활용한다. 다양한 방식으로 영화를 찍어보면서 관객의 잠재의식에 가장 큰 울림을 주는 지점을 찾아내는 것이다. 반-이상은 신경증이 있는 지식인들이나 '교양인들'의 잠재의식으로 침투해서 예술과 문학 속으로도 들어간다.

영상을 통해서 구체적인 형태를 보여주는 영화의 영향력은 지대하다. 영화는 상상력을 직접적으로 자극하기 때문이다. 영화는 욕망의 분출을 이상적으로 묘사하는 영상들을 계속 보여줌으로써 이것을 강화하는 악순환을 만들어 낸다. 그리고 극히 왜곡된 형태 하에서 반-이상을 하나의 원칙이자 삶의 방향으로 제시하면서 일반화시킨다. 문학 작품들 중에는 과거의 가치를 지키는 것들도 있지만 일부 작품들은 반-이상을 마치 억압적 도덕주의와 싸울 수 있게 해주는 삶의 힘인 냥 이상화하고 있다.

도덕주의에 맞서는 것은 옳고 정당하다. 하지만 정신으로 맞서야지 거짓 정신으로 맞서서는 안 된다. 거짓 정신으로 저항하는 것은 고양된 욕망을 극단적으로 발산시켜서 사람을 삶의 의미로부터 멀어지게 만들고, 즉각적 쾌락과 냉소주의를 조장하며, 삶의 가치를 완전히 떨어뜨리기 때문이다. 배우자의 선택은 관습 차원이 아닌 생명 유지의 차원에서 필연적인 것인데 이 거짓 저항은 선택의 가치를 절대적으로 과소평가한다.

문학의 경우에 통속적 반-이상은 사람들에게 부적절한 도덕주의적 이상에 저항하고 있다는 오만한 자기도취감을 느끼게 만든다. 반-이상이 이상이 되어 버리는 이런 식의 변질은 문화의 쇠퇴기마다 나타났다.[2)]

플라톤의 대화편에서도 이런 현상을 발견할 수 있다. 『고르기아스』에서 소크라테스는 소피스트들이 가

---

2) 폴 디엘에게 있어서 '쇠퇴기'란 가치들이 극도로 대립되고 개인과 집단이 방향을 상실한 시대들을 가리킨다.

치를 전복시키는 것을 막고자 한다. 소피스트들은 진정한 가치란 존재하지 않으며 사람은 자기가 원하는 것을 다 할 수 있다고 주장했다. 이것을 입증하기 위해서 그들은 궤변을 늘어놓았다. 어떤 것을 옳다고 말하는 것은 상관없지만 그것에 대한 논증은 적절해야 한다. 소크라테스는 소피스트들에게 바로 이 부분을 지적했다.

도덕주의의 전복은 니체의 철학에서 분명하게 나타난다. 초인은 모든 도덕에 저항할 수 있는 사람이다. 니체는 강력한 직관과 뛰어난 재능으로 과거의 가치들을 조롱했다.

니체의 이론적·철학적 주장은 구체적인 삶 전반을 통찰하는 것이었고, 생명 유지에 근거하지 않은 가치들을 무너뜨리는 데 지대한 공헌을 했다. 따라서 그의 주장은 유익했다. 부적절한 가치들은 반드시 무너져야 하니까. 하지만 이 가치들을 대체할 수 있는 새로운 가치들이 필요하다. 부분적으로는 실존주의에서 이와 같은 가치의 전복이 일어났고, 철학을 경유해 문학에서도 동일한 일이 일어났다. 항상 그렇듯 사람들은 다시 악순환에 빠졌다. 새로운 가치들은 이론들 속에서 표류하다 해체되고, 부적절한 가치들은 정당화되고 있으며, 유행하는 이념 앞에서 사람들은 아무 저항 없이 순응한다. 쾌락에 대한 욕구는 폭발하고, 사람들은 상업주의에 휩쓸려 삶의 선택들을 경시하는 영화들을 보면서 부적절한 정당화에 점점 사로잡힌다.[3)]

부모들은 어떤 말로써 이 흐름과 싸울 수 있을까? 이것은 불가능한 싸움이다. 부모의 실리적 조언은 이상이나 반-이상을 지향하는 청소년기의 약동과 충돌하기 때문이다. 아이들은 부모가 좋은 모범을 보이지 못한다고 비난한다. 이러한 비난은 그들이 부모의 영향에서 벗어나 자립하고 자기 삶의 길을 찾아가야 하기 때문이기도 하지만, 한편으로는 부모를 원망하기 때문이다. 게다가 아이들은 사방에서 그들을 자극하는

---

3) 악순환을 반대로 돌려서, 무도덕주의에서 도덕주의 즉 '도덕적 차원'으로 돌아가는 것도 이런 식으로 이해할 수 있다. 이 차원은 도덕주의적 가치들을 권위적이거나 독재적인 방법으로 회복하려는 것이다.

다양한 이념에 휘둘려 잘못된 방향으로 나아가고 있다. 부모들은 이 상황에 제대로 대처하기가 대단히 어렵다.

부모 자신이 가치를 정립하지 못해서 모범을 보일 수 없었다면, 이것은 인간이기에 어쩔 수 없는 일이 아닐까 싶지만, 그들이 할 수 있는 최선은 불안해하지 말고 삶에게 기회를 주는 것이다.

새로운 가치들은 아마도 많은 세대를 거쳐야 비로소 명확하게 드러날 것이다. 지금 단계에서 나타나는 모든 고통과 삶의 어려움은 받아들이는 수밖에 없겠다.

내성(內省)[4]의 필요성

삶의 의미를 잃은 영혼은 매일 술만 마셔서 물맛을 잃은 사람과 비슷하다. 그는 물을 거부하면서 스스로

4) 내성은 자신의 정신적·심리적 상태나 기능을 관찰하는 것을 의미한다. 자기관찰, 내관(內觀) 등으로도 옮길 수 있다. – 역자 주

우월하고 남자답다고 여기고 물맛을 잃었다는 사실을 오히려 자랑스러워한다.

왜곡된 영혼도 이와 비슷하다. 그는 자신의 잘못·편견·신조·이념에 취해있다. 그래서 삶의 수원에서 흘러나오는 물을 마시려고 하지 않는다. 이 수원은 생각하는 마음 안에, 우리의 내면에 들어있다. 우리는 세심한 내성을 통해서 이곳으로 들어갈 수 있고 그래서 이곳을 바로잡을 수 있다.

정신생활을 다루는 모든 학문은 동기에 대한 연구없이는 이루어질 수 없다. 부적절한 선택을 하게 만드는 부적절한 동기와 참된 선택을 하게 만드는 참된 동기를 구분하는 것이 문제의 핵심이기 때문이다. 삶의 정신적 수원을 들여다보면서 스스로를 관조하지 않는다면 어떻게 이 둘을 구분할 수 있을까? 선택을 방해하는 모순적 이념들을 깊이 통찰할 수 있어야 우리는 이것들을 구분할 수 있다.

아이가 더 나은 선택을 할 수 있게 돕고 싶다면 부모가 모범을 보이면 된다. 더 나아가 젊은 세대가 선택의 기반을 잘 다질 수 있게 돕고 싶다면 기성세대는 동기를 심리학적으로 깊이 연구해야 한다. 삶의 문제는 여러 세대를 거쳐야 해결책을 찾아낼 수 있다. 이것은 삶의 문제이기에 삶이 해결책을 찾을 것이다.

저자 약력

폴 디엘(1893-1972)은 오스트리아계 프랑스인 심리학자이자 교육 철학자다. 그는 프로이트와 아들러의 이론에 영향을 받았으며 두 이론의 혁신성을 존중했지만 독자적으로 자신의 연구를 수행했다. 1935년부터 폴 디엘과 서신을 교환했던 아인슈타인은 그의 연구가 처음 발표됐을 때 그를 열렬히 지지했다. '당신의 견해는 매우 설득력이 있고 일관적입니다. 병리적 현상을 포함해서 인간의 모든 정신생활을 기본적인 생명 현상으로 환원시키고자 한 연구는 이 글이 처음이며 다른

곳에서는 읽어본 적이 없습니다. 당신의 연구는 삶의 방향에 대한 통합적 이해를 우리에게 제시해줍니다.'

폴 디엘은 1945년에 프랑스 국립 과학 연구 센터에 들어가 앙리 왈롱이 이끄는 아동 정신 생물학 연구소에서 심리치료사로 일했다. 폴 디엘의 뛰어난 치료 성과를 지켜본 앙리 왈롱은 그를 가리켜 '프로이트와 아들러 그리고 융의 뒤를 잇는 연구자'라고 평하면서 순수한 직관주의에 머물지 않고 의식의 심층으로 들어가 본능에서 이성으로 의식이 발전해 나가는 과정을 밝혀낸 그의 공로를 높이 평가했다.

폴 디엘은 내성을 배척하는 고전 심리학의 흐름에 역행해, 내성이 체계적으로 지도된다면 심리학의 정당한 한 분야가 될 수 있다고 『동기 심리학』에서 주장했다. 한편 그는 정신 기능의 의식적·무의식적 심역에 대한 연구에서 더 나아가 신화와 꿈 그리고 정신병 증상의 숨은 의미들을 명확하게 밝혀냈다. 가스통 바슐라르는 폴 디엘의 『그리스 신화의 상징성』[1] 서문에서, 상징적 언어를 이해하는 데 그가 큰 기여를 했다고 언급하면서 그의 영향을 다음과 같이 강조한다. '폴 디엘의 세심하고 심오한 심리학적 해석을 읽어보면 현대 심리학이 밝힌 정신 구조의 영역들이 신화 안에 모두 포함돼 있음을 알 수 있다. 이 연구는 도덕의 운명 전반을

---

1) 안용철 옮김, 현대미학사, 1997. – 역자 주

아우르고 있다.'

무엇보다도 동기 심리학은 가정이나 사회의 다양한 부적응 형태들을 교육 또는 재교육으로 바로잡는 과정에서 부딪히게 되는 문제들을 해결하는 데 실용적으로 큰 효과가 있다.

폴 디엘의 저서들은 프랑스의 페이요 출판사에서 정기적으로 재판되고 있으며 여러 언어로 번역됐다. 1986에 창간된 『동기 심리학회지』도 참고하기 바란다.[2)]

---

2) 이 학술지는 폴 디엘의 사상을 이어받아 발전시키려는 목적에서 창간됐으며 22년간 발행되다가 2008년에 폐간됐다. – 역자 주

폴 디엘과 관련된 협회

-동기 심리학 협회(Association de la psychologie de la motivation, APM)

사이트: http://www.psychologie-de-la-motivation.net/

-내성(內省) 정신 분석 협회(Association de psychanalyse introspective, API)

사이트: http://introspective.psychology.pagesperso-orange.fr/

사랑의 욕구

초판 1쇄 발행 | 2020년 2월 10일
지은이 | 폴 디엘
옮긴이 | 하정희
펴낸이 | 최윤정
펴낸곳 | 바람의아이들
만든이 | 강지영 양태종 박한솔 김재이 변수연 이예지
제조국 | 한국
구독연령 | 20세 이상
등록 | 2003년 7월 11일(제312-2003-38호)
주소 | 04001서울시 마포구 동교로 17안길 43-4
전화 | (02)3142-0495 팩스 | (02)3142-0494
이메일 | barambooks@daum.net
홈페이지 | www.barambooks.net

Le besoin d'amour
by Paul Diel

ISBN 979-11-6210-057-8 04000
978-89-90878-67-0 (세트)

「이 도서의 국립중앙도서관 출판예정도서목록(CIP)은 서지정보유통지원시스템 홈페이지(http://seoji.nl.go.kr)와
국가자료공동목록시스템(http://www.nl.go.kr/kolisnet)에서 이용하실 수 있습니다.(CIP제어번호:2019053376)